数字金融
未来已来

 清华经管学院 Tsinghua SEM | 数字金融资产研究中心 主编

罗玫 执行主编

人民日报出版社
北京

图书在版编目（CIP）数据

数字金融：未来已来 / 清华大学经济管理学院数字金融资产研究中心主编. — 北京：人民日报出版社，2020.12
ISBN 978-7-5115-6601-0

Ⅰ.①数… Ⅱ.①清… Ⅲ.①数字技术－应用－金融业－研究 Ⅳ.①F83-39

中国版本图书馆 CIP 数据核字（2020）第 201622 号

书　　名：	数字金融：未来已来
	SHUZI JINRONG：WEILAI YILAI
主　　编：	清华大学经济管理学院数字金融资产研究中心
执行主编：	罗　玫
出 版 人：	刘华新
责任编辑：	蒋菊平　徐　澜
版式设计：	九章文化
出版发行：	人民日报出版社
社　　址：	北京金台西路2号
邮政编码：	100733
发行热线：	（010）65369509　65369527　65369846　65369512
邮购热线：	（010）65369530　65363527
编辑热线：	（010）65369528
网　　址：	www.peopledailypress.com
经　　销：	新华书店
印　　刷：	涞水建良印刷有限公司
法律顾问：	北京科宇律师事务所　010-83622312
开　　本：	710mm×1000mm　1/16
字　　数：	115千字
印　　张：	11.75
版次印次：	2020年12月第1版　2022年2月第2次印刷
书　　号：	ISBN 978-7-5115-6601-0
定　　价：	36.00元

序一

白重恩

白重恩，清华大学经济管理学院院长，清华经管数字金融资产研究中心理事长，清华大学中国财政税收研究所所长，清华大学现代国有企业研究院院长。全国政协委员、民建中央常委、"十四五"国家发展规划专家委员会专家委员。

数字经济是全球未来的发展方向，建设创新型国家，实现数字科技强国，优化数字营商环境，开发数字经济创新的潜力是当前中国经济发展的主要目标。数字经济的发展会出现数字金融资产、数据资产、数字货币等一系列数字经济新元素。传统资产的数字化和数字经济新元素的资产化正在高速蓬勃地发展，奠定了数字经济的核心资本和价值流通基础，也会支撑起以数字资产为底层资产的数字金融创新实践。本书由清华大学经济管理学院数字金融资产研究中心主编，汇集了数字科技创新和数字经济领域的重量级专业学者和实践专家，针对数字经济发展中的前沿问题展开了探索性的论述。资产不再仅仅代表实物，而是紧密贴合社会发展的生活方式和价值存储形式，而实物和虚拟的界限因为数字经济的发展而更加融合。数字经济的发展将促进中国实体产业在新时代的创新实践与探索，重构传统企业、金融行业、新经济产业"虚实融合"的价值创造体系。

　　数字金融，未来已来。

序二

戴琼海

戴琼海，中国工程院院士、清华大学自动化系教授、北京信息科学与技术国家研究中心主任、清华信息科学技术学院院长、脑与认知科学研究院院长、中国人工智能学会理事长

数字时代万物俱变，不断发展的科技革命和随之而来的产业变革让信息共享、价值互连成为数字经济发展的核心驱动力，奠定了"十四五"时期国民经济发展的重要支撑作用。区块链核心技术的快速发展和在关键领域的落地应用使信息共享、价值互连的实现成为可能，而创造井喷式的经济效益需要产业数字化发展和区块链技术的融合创新，为我国领先全球数字时代的竞争提供战略性竞争优势。在数字科技创造经济价值的领域，此书提供前瞻性各相关领域的思考，值得一读。

第一章　数字金融 / 001

数字货币　替代或颠覆 / 003

金融科技监管的十二大问题 / 014

基于区块链技术的企业可信信息建设 / 019

区块链应用于金融交易后处理的机制 / 027

第二章　数字货币 / 041

双层体系下央行数字货币的技术考量 / 043

何为数字货币 / 058

数字货币的会计确认和税收实践 / 076

数字货币期货期权市场 / 085

人民币数字稳定币的展望 / 096

第三章　数字资产 / 107

数据生态：原则与趋势 / 109

数字版权保护的变革与挑战 / 119

数据有价 / 133

区块链赋能小微企业融资的三种方式 / 148

附录　数字金融大事记 / 163

第一章

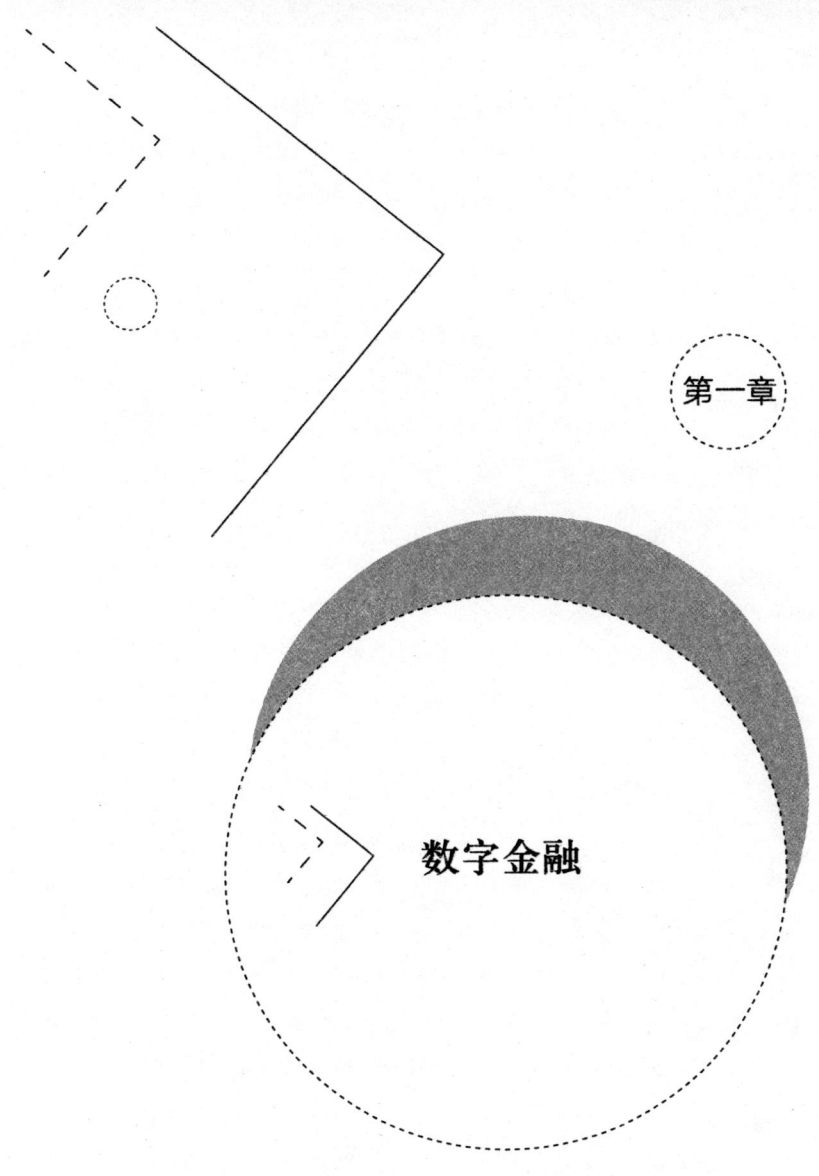

数字金融

数字货币　替代或颠覆 / 李礼辉
金融科技监管的十二大问题 / 谢　平
基于区块链技术的企业可信信息建设 / 罗　玫
区块链应用于金融交易后处理的机制 / 邹传伟

数字货币 替代或颠覆

李礼辉

2009年，当比特币带着区块链标签面世时，几乎悄无声息。10年后的2019年，全球社交网络巨头Facebook主导推出数字货币Libra，声称要成为一个不受华尔街控制、不受中央银行控制的全球性金融基础设施，引起了全球的震动。2020年4月，我国的法定数字货币开始在深圳、成都、苏州、雄安进行小范围试点，这是全球第一个投入试点的法定数字货币，而且是经济大国的法定数字货币，因而受到了高度关注。

斯坦福大学教授Brian Arthur指出，"经济会随着技术的进化而改变它的结构，即改变它的制度安排方式。"

我们需要回答这样一个问题：数字货币会不会重构全球的货币体系？

作者系中国银行前行长、清华经管数字金融资产研究中心顾问委员。

我认为，采用数字化技术的货币形式可以称为数字货币。这里分别讨论法定数字货币、虚拟货币和全球性数字货币。

一、关于法定数字货币，关注焦点应该是传承与替代

具有法定地位、具有国家主权背书、具有发行责任主体的数字货币构成法定数字货币，或称中央银行数字货币。

法定数字货币采用了数字化的技术形态，其本质依然是法定的货币工具和支付工具。

据国际清算银行BIS调查，80%的中央银行已启动数字货币研发。BIS与美、欧、日、英、加、瑞士、瑞典央行于2020年10月发布《中央银行数字货币：基本准则与核心特征》报告。不过，数字货币规模化安全应用的技术框架尚未敲定。

多数专家学者认为，**法定数字货币具有潜在的好处。**

一是可以替代现钞，节省现金流通的成本。 法定数字货币可以便捷支付、无现钞支付，有利于节省现金流通成本，有利于提高资金周转速度和运用效率，有利于防范假币。特别是在偏远而又辽阔的地区，在线上交易以及跨境支付的场景中，能够成为可靠的、低成本的支付工具。

二是可以强化支付系统的公共属性，推进普惠金融。 法定数字货

币可以点对点、端对端支付，能够为公众提供安全性高、流动性好的支付工具，节省交易成本，甚至可以不再需要商业银行账户，不再需要商业银行中介。

三是可以确保金融交易的可靠性，**拓展数字资产市场**。在数字资产市场中，法定数字货币运用智能合约和密钥技术，能够按照商业约定和法律规定自动执行价值转移。

四是可以精准调节货币供应，加强货币流通市场管控。中央银行可以拥有实时、完整、结构化的货币流通数据，有利于实现货币供应总量的精准调控。资金流信息可以实时观察、全程追踪，从反腐败、反洗钱、反恐融资、反逃税的角度看，能够达到更好的管控效果。

专家学者也在评价法定数字货币潜在的风险和问题。

一是可能削弱商业银行的初始信贷能力和盈利能力。公共存款可能从商业银行流向中央银行，迫使商业银行提高利率以获得资金，留住客户。

二是可能更容易触发系统性金融风险。当金融市场出现波动时，信用等级较低的商业银行可能出现难以控制的数字货币存款挤兑，并引起连锁效应。

三是中央银行拥有货币市场调控更加直接的权力，但可能由此承担更加直接的责任。央行资产负债表将大幅度扩张，经济危机发生时央行必须向商业银行提供更多的流动性支持。

我国人口数量居全球之最，支付市场规模居全球之最。研发法定数字货币,理应更加关注高并发市场中数字货币工具运行的可靠性和安全性。我国试点中的法定数字货币,称作"数字货币与电子支付",注重传承和替代,即维持现行的货币市场运行机制和货币政策传导机制,逐步替代传统货币工具及支付工具。

一是选择间接发行模式,采用双层运营投放体系。

法定数字货币既可选择"中央银行—公众"的直接发行模式,也可选择"中央银行—商业银行—公众"的间接发行模式。法定数字货币采用间接发行模式,维持双层运营投放体系,好处是节约与稳健:不必再造金融基础设施,有利于节省投资;不必重构货币发行与管理格局,有利于管控风险;不必衔接不同特性的货币发行模式,有利于稳定市场。

二是坚持央行中心管理模式,采用并行技术路线。

我国的法定数字货币应该会坚持中心化的管理模式,以保证货币政策传导机制的可靠性,保证货币调控的效率。由于"现有区块链技术无法达到超大市场零售级别的高并发需求",应该会**保持技术中性,不依赖区块链单一技术**。

三是采用"账户松耦合"方式,替代货币M0。

微信支付、支付宝等电子化支付工具采用"账户紧耦合"方式,需要绑定银行账户,通过银行账户进行价值转移,在实名制的账户管理制度下,无法实现匿名支付的需求。

我国的法定数字货币采用"账户松耦合"加数字钱包的方式,

可以脱离银行账户实现端对端的价值转移，减轻交易环节对金融中介的依赖，并且实现**可控匿名支付**。不在中国的银行开户的外国人，也可以获得数字人民币钱包，实现便捷支付。目前我国法定数字货币的设计可能只限于替代流通中的现金，即 M_0。

微信支付、支付宝应用数字技术，构建以信任链接为纽带的移动支付和生活服务平台，已经实现10亿级的直线链接，在全球移动支付平台中排名前2位。我国的法定数字货币具有区别于微信支付、支付宝的行政权威地位优势，且具有脱网交易的技术优势，但最终能否替代传统货币形式，取代新兴的电子支付工具，成为主要货币形式和主要支付工具，甚至跨境"溢出"，发展成为全球性数字货币，将由市场抉择。影响市场抉择的要素是：**使用更加便捷，流通成本更低，大众乐意接受**，从而形成具有商业价值的经济规模。

二、关于虚拟货币，关注焦点应该是去中心化与投机性

虚拟货币没有实体资产支撑，没有足够的信用背书。虚拟货币得以生长，其实具有经济层面的原因。

一是虚拟货币的生存土壤。在公有区块链社区中，通行网络共识的治理机制和发行虚拟货币的激励机制，虚拟货币是参与者认可的等价物和支付工具。

二是虚拟货币的市场需求。虚拟货币交易可匿名、可跨境，可能成为资金非法流动和投机交易的工具。全球"暗网市场"一直存在毒品、枪支、色情等非法交易，规模难以计量，需要"地下"可信任，"地上"难管控的支付工具。

虚拟货币的技术性缺陷来自"去中心化"的公有区块链架构。在这种架构下，全网验证需要超大规格的数据同步，各个节点的运行能力需要达标和均衡。因此，无论是比特币，还是以太坊，至今仍然尚未解决交易效率和规模化问题。

虚拟货币的经济性缺陷在于，缺乏足够的实体资产支撑和信用背书，价值不稳定，投机性太重。2018年，比特币触底3158美元，比最高价缩水84%。全球虚拟货币总市值由年初的8350亿美元下降到1100亿美元，跌幅接近87%。

因此，虚拟货币目前很难进入大众化的交易和支付场景。我国严格监管，173家虚拟货币交易及融资平台均已无风险退出。这是完全必要的。

三、关于全球性数字货币，关注焦点应该是超主权与超银行

法定数字货币因为法定地位和国家主权背书而可信任，其他任

何机构的数字货币要做到"可信任",必须具备这样一些品质:具有公众信任机构的信用背书,具有商业价值的客户规模,具有高效可靠的金融交易和支付平台,具有可审计的金融资产支撑,具有行政许可的市场准入。

近几年来,金融机构数字货币陆续进入金融市场。2017年,高盛的数字货币SETLcoin获得美国专利商标局首个数字货币专利。2019年,摩根大通的JPM Coin及其银行交互网络IIN,计划链接400家银行。瑞士联合银行等13家跨国银行计划于2020年推出的基于分布式记账技术的"多功能结算币",用于清算和结算交易。

备受全球关注的,是Facebook主导的数字货币Libra。Libra的潜在优势在于:联合创始机构21家,可以提供足够的信用背书,拥有20亿以上的客户群体,应用分布式对等架构、隐私计算技术和数字钱包,以硬资产支撑价值。

Libra选择在瑞士注册,但能否得到发达国家金融监管部门的许可,关键在美国。面对金融监管机构、中央银行以及政客的担忧和质疑,近一年来,Facebook两栖作战,取得了一些进展。

其一,将Libra与美国的国家经济金融战略挂钩。

在法规之外,还有什么足以打动美国政客和政府?那应该是国家的经济金融战略。2019年10月23日,在美国众议院金融服务委员会长达6小时的听证会上,Facebook CEO马克·扎克伯格一再强调,Libra并不试图创建全新的主权货币,只是一个全球支付系统,而且在储备金中美元占最大比例；这将扩大美国的金融领导地位，以及在世界各地的民主价值观；如果美国不进行创新，全球的金融领导地位将没有保证；中国在技术创新方面超过美国，部分支付基础设施领先于美国，美国必须建立更加现代化的支付基础设施。

其二，严格遵循美国的金融监管法规。

Libra要达到发达国家的市场准入门槛，必须解决3个重大问题：1）技术平台的效率和可靠性；2）商业运行模式的可行性和透明度；3）金融合规管控的实现路径和可信度。

2020年4月，Facebook发布Libra白皮书2.0，在满足美国政界要求、适应金融监管规则方面前进了一大步。

一是强化美元的货币霸权地位。

Libra网络发行全球性数字货币≈LBR，按照固定权重构成货币篮子。同时新增一类锚定单一法定货币的数字货币，如≈USD/美元、≈EUR/欧元、≈GBP/英镑等。

Libra协会认为，对于在Libra网络上没有单一数字货币的国家，≈LBR是中立而且稳定的替代方案，可以作为支付和结算工具。

Libra数字货币系统的基本依托是美元。Libra或将成为数字经济时代美国继续推进美元货币霸权的工具。

二是强化金融合规标准。

2019年6月，Libra白皮书1.0宣称应用有中心的联盟区块链架构，但说明将在5年后采用去中心化架构。2020年4月公布的白皮书2.0

则表示，将保持中心化的技术架构。这应该是为了满足金融监管要求而必须选择的技术路线。

Libra协会承诺，将制定金融合规和全网风险管理的综合框架，建立反洗钱、反恐、遵守制裁和防范非法活动的严格标准，打击各类金融犯罪。严格执行市场准入制度，负责对协会会员和经销商进行合规信息、经济能力、技术能力的尽职调查，对于破坏Libra网络完整性、安全性的会员和经销商，将予以剔除或驱逐。

而且，Libra协会承诺充当金融情报机构FIU（Financial Intelligence Unit）的角色，执行金融情报监测功能，全天候监视Libra网络的活动，当检测到可疑活动时，依法向主管部门提交信息和报告。

2020年10月13日G7财长和央行行长视频会议的声明提出，全球性数字货币必须满足相关法律和监管的全部要求才能开始运营。Libra能否达标，有待观察。

Libra一旦获得美国批准，应可取得西方国家的市场准入，有可能迅速发展成为全球性数字货币。必须警惕的是，**全球性数字货币可能导向金融颠覆**。

一是超主权。货币作为一般等价物的地位本质上取决于公众的信任。弱小国家如果遭遇重大经济困难，主权货币就可能失去国民的信任，就可能被全球性数字货币所取代，形成超越货币主权的"货币替代"。发达经济体的主权货币可能成为全球性数字货币的锚定对象，货币地位可能主次更替。全球可能出现几个超主权数字货币系统，全球性数字货币也许不再有明确的国别标签，最为重要的是公众认可的全球性商业信用和全球性数字信任。

二是超银行。Libra的目标是提供可以覆盖全球各个角落的点对点、端对端的交易和转账平台，形成可以覆盖全球各个角落的金融基础设施，从而可能从支付清算入手，逐步进入储蓄、融资、投资、保险、资产交易等领域，渗透平民大众的经济生活，不再需要商业银行，不再需要第三方支付机构，全面争夺金融业的市场。

综上所述，数字货币很有可能重构金融模式和货币体系。这是现实的挑战，也是未来的机遇。

数字货币在未来的全球经济竞争中将居于核心地位。对于发行法定数字货币的国家，数字货币的国际化将构成对货币政策设计和流动性控制的挑战；而对于被他国数字货币替代的国家，本国的主权货币地位将面临威胁，货币政策传导的效应将被削弱，金融的稳定性风险必将放大。应有必要进一步完善我国法定数字货币的实现路径，完善底层技术架构和应用场景设计。同时，应有必要抓紧研究发行中国主导的全球性数字货币的可行路径和实施方案。

金融业数字化变革呼唤制度创新。

我国应该立足于数字金融健康发展，加快数字金融制度建设，抓紧制定区块链金融监管、数字资产市场监管、数字货币监管、法定数字货币发行等数字金融制度，逐步建立和完善数字信任机制。

数字金融势必加深金融的全球化。

在数字金融全球制度建设中，我国应该主动参与并积极争取话语权，加强国际监管协调，促进达成监管共识，努力建立数字金融国际监管统一标准。

金融科技监管的十二大问题

谢 平

在中国金融科技飞速发展的同时，有一些监管问题一直悬而未决。但事实上，监管部门也在不断进步，监管科技一直是中国金融科技行业发展的重要组成部分之一，也是监管部门关注的重点领域。

大家都知道，因为吸取了P2P监管的教训，央行出台了金融科技规划，银保监会出台了助贷监管的办法，证监会也设立了科技监管局，央行还出了个人金融信息保护的征求意见，今年大家看2019年的年报可以看出来，**这次强调的就是金融科技、市场发展和监管。**

现在看来中国是金融科技发展比较快的国家，大家也能认识到，金融科技有可能引发的一些新的类型的金融风险，所以要强调监管，也就是说金融科技在发展与风险之间的平衡变量就是监管，中国一行两会都在研究金融科技怎么监管，我也和大家分享一下我的一些

作者系中国投资有限责任公司原副总经理、清华经管数字金融资产研究中心顾问委员、清华大学五道口金融学院教授。

体会。

第一，金融科技的真实性问题怎么认定，现在有好多企业，甚至在美国上市的公司都说自己是金融科技公司，因为中国的科技公司是很好认定的，工信部和中科院都有金融科技公司的认定标准。

金融科技怎么认定其真实性，现在还没有办法，我也不知道将来是谁来认定。客户是无法辨别的，所以说将来是人民银行科技司的事情还是一行两会各自有认定的办法，都是需要监管的，我觉得这是第一个问题。

第二，金融应用风险原则，金融监管科技，我们不是管科技本身的风险，我们管的是这个科技应用于金融业务所产生的风险，可以看人民银行的《金融科技规划》里讲得很清楚，我们监管的是科技应用的风险，将来哪些科技可以应用哪些金融业务，这个一行两会可能会出台一个白名单制度，这是第二个问题。

第三是技术中性原则。技术本身是中性的，但在金融科技监管的角度，不鼓励技术优势和垄断产生的超额利润，这是什么意思呢？

科技大公司办金融业务，有可能利用自己的科技优势垄断某一项金融业务，而产生超额利润，这个事情也是最近几年在美国和中国出现的，只有这两个国家出现，欧洲目前还没出现这样的科技大公司搞金融的情况，特别典型的大家知道Facebook的事情引起全世界监管当局的警惕，最后它搁置了。所以说技术是中性的，不应该利用技术产生垄断。

第四，监管主体是谁？现在中国还没有这方面的法律，目前监管金融科技的主体是以机构监管为主，证券公司应用金融科技证监会管，银行保险公司应用金融科技银保监会管。我们国家目前的金融监管逻辑跟机构监管逻辑是一致的。因为我们是分业监管、分业经营的国家，所以说目前还不存在一个全面的监管框架。

一行两会是监管金融科技最终的执行者而不是监管这个技术的发明者，但是这个技术，比如人脸识别用到银行，银监会说了算，用到证券公司，证监会说了算。

比如利用人脸识别远程开户，证监会说是可以的，但是银监会说远程开存管账户是不可以的，从这个案例就可以看出，两个监管当局的监管逻辑是不一样的。

银监会认为存管账户得面签，但是证券公司要是有了银行卡，证券公司新的炒股者、投资者可以远程开户，证监会是同意的。这样的逻辑本身道理很简单，也就是说使用者要面对金融产品，金融监管当局要对使用者、金融消费者负责，所以它的内在逻辑是金融消费者保护。所以说目前我们国家金融监管科技的目标和金融机构监管的目标是一致的。

第五，金融科技监管的总的原则，最重要的原则还是金融消费者保护，这里大多是理论，就不作过多展开了。

第六，金融科技监管关注的是金融科技的金融属性而不是技术属性，在人民银行的规划当中已经明确了，我们在分析金融科技的时候,既然它是金融科技,主要是分析它的金融属性而不是特别关注它的技术属性。因为技术属性、中科院、工信部、科技部他们有界定、有标准。

第七,竞争中性原则,和刚才技术中性是一样的,也就是反垄断,包括技术垄断和数据垄断,这两个问题目前在金融科技当中已经体现出来了,现在有关当局已经着手于这方面的研究。

第八,金融科技监管当中的个人金融数据保护原则,央行已经出台了征求办法了,将来每个机构都得注意,因为个人金融数据保护在助贷当中需要特别强调。

第九,金融App监管,现在金融机构App是不监管的,随便挂在安卓或者苹果商店都可以下载,但是最近我注意到,教育的、医疗的App有人监管了,教育App教育部要管了,有些内容不能放进去,有关金融App的监管问题,监管当局也已经列入日程。

第十,大科技公司要有金融牌照。全世界有八个大科技公司,比方说谷歌现在想搞金融,苹果和高盛合作推出信用卡,亚马逊在美国征求了15年,美联储就是不给它金融牌照,比如Facebook要发货币等。这种大科技公司有技术优势、有几亿的流量客户,巨量的客户和技术优势能不能应用于它金融牌照的金融服务当中?

各国是有不同的看法的,咱们国家是部分允许,蚂蚁金服有银行牌照、保险牌照、基金牌照,但是证监会不给它证券牌照。腾讯有银行牌照,百度和中信可以办直销银行,咱们国家是这样的。

所以现在工农中建都成立自己专业的科技公司，即银行成立自己的专业科技公司为第三方金融科技服务做平台，这也隐含着技术垄断问题。

第十一，咱们国家过去十多年来，**在金融科技监管方面最成功的案例应该说是对第三方支付的监管**，第三方支付监管在中国目前来讲是比较成功的，网联最后出现保证金全额上缴，数据备份，现在微信上的所有数据都有，央行认为这个监管案例在十多年内不断地博弈、改进、技术进步，最后监管是成功的。

咱们国家监管不成功的案例是P2P，这个东西刚开始没有发现它的外部性和地方性批准全国外部性，没有发现现有科技是跟不上它的监管的，没发现这么多人是赖账而且没法催账的，这个问题是金融科技监管的一个案例，现在大家注意到好几个省已经宣布撤销所有的P2P。

第十二，大家看到了，最近银保监会**推出了助贷的监管办法**，助贷这个东西产生5年多了，一直不知道怎么弄，最近终于出台了办法。

这个办法对很多公司影响非常大，现行的助贷办法隐含着对金融科技监管的原则。比方说主营业务不能外包、科技公司不能碰资金、客户数据的产权是银行的不是科技公司的、比方说收费的规则、市场准入的规则，等等。

中国银保监会逐渐逐渐地摸索出金融科技公司跟银行合作搞类似助贷这样的业务，这个监管在世界上是首创的。

基于区块链技术的企业可信信息建设

罗 玫

区块链技术将给未来商业逻辑、资本市场体系和社会治理的变革带来无限可能性。从国家战略布局角度，区块链核心技术的快速发展在可信数据共享的落地应用将创造新数字经济时代的巨大价值。中共中央政治局第十八次集体学习强调了"发挥区块链在促进数据共享、优化业务流程、降低运营成本、提升协同效率、建设可信体系等方面的作用"。传统企业的财务系统存在成本高、易作假、审计难的问题，尽管证监会和财政部监管成本耗资巨大，上市企业披露的经营信息仍然存在造假现象。2020年4月24日，证监会重磅发声，表态要严厉打击财务造假，2019年来已立案调查几十家上市公司财务造假行为。造假周期长、涉案金额大、涉及面广的造假案例对资本市场监管、财政部监管、和其他政府监

作者系清华大学经济管理学院会计系博士生导师，清华经管数字金融资产研究中心主任。

管环节带来巨大的信任成本，特别是损害了资本市场投资者的巨额利益，经济基础数据来源不被信任，严重损害了上市公司的国际诚信和声誉，也毁害了经济社会健康发展的市场诚信基础。

区块链技术可以被应用于企业经营的信息产生、信息记录、信息审计、和信息披露的全过程，最终构建基于区块链网络的面向资本市场广大投资者和监管机构的新型企业可信信息披露平台。区块链的分布式账本技术和智能合约天然契合会计信息系统，利用该技术的机器信任功能可以确保实现企业经营数据记录的可靠性、准确性、自动化、可留痕、**可追责**和可共享性；利用该技术的智能合约交叉验证功能可以支持多方参与的会计记账的隐私数据验证，可以研发基于区块链的多方参与自动审计的审计系统；最终构建基于区块链网络的面向资本市场广大投资者和相关政府监管机构的新型企业可信信息披露平台。

从行业发展看，我国区块链产业"脱虚向实"趋势明显，但受制于交叉学科人才在区块链应用领域的缺乏，在企业经营信息记录、审计流程、和公司信息对外披露以满足各级政府监管需求的这个可信信息流的建设方面，我国区块链技术的应用研究还处于空白阶段。国际区块链技术对企业经营信息的可信记录、审计和披露的应用研究方面无论是实践领域还是学术研究，尚处于早期阶段。研究企业可信信息披露平台的建设既能破解资本市场虚假信息披露、信息孤岛手续繁琐、国家监管成本过高的难点，又能满足国家可信信息建设的基础设施要求，也能为经济社会监管部门和资本市场参与者提供可信、安全、共享的经济基础数据，从而具体落实国家关于推进国家治理现代化与发展数字经济的战略部署，抢占国际可信信息共享技术应用的制高点，掌握相关信息披露国际标准的制定权。

基于区块链技术的企业可信信息建设包括以下三个方面。

一、基于区块链技术的企业商业信息记录系统

区块链的分布式账本技术天然契合会计信息系统。首先需要基于区块链技术的企业经营信息记账系统，每个企业内部运行一条区块链私链供商业内部信息记录使用，并设立外部接口，结合物联网、人工智能等方法自动输入商业信息，保证部分经营数据实现链上数据的真实记录，并且设计可以自动输出可调用、可操作的结构数据。其次利用区块链技术中的UTXO（unspent transaction output）账户模式，实现企业经营信息的可追溯性，每一笔资金或资产在其生命周期内的所有经营流程可以清晰地知道去向，每笔现金的流入和流出、来源与去向都有据可查。UTXO模式与现代会计记账方式完全不同。例如，现代记账方式中的现金流出分不清从哪个具体业务的现金而来，现金都是混在一起，而UTXO的记账模式能够准确追踪

每笔钱的来源和用处,使企业经营相关账目的管理非常清晰。最后,由于经营信息的敏感性和事后怕追责的心理,企业各部门不愿意上传信息到自己公司平台,需要设计合理激励机制使企业各部门协调主动将信息上传至区块链网络,并重点激励事后确认和验证数据准确的部门和员工,采用适当激励方式可以促使企业采用区块链技术持续并准确地记录商业经营信息。

二、基于区块链技术的多方参与交叉验证审计

区块链的分布式账本技术使得这个数据结构可以由多方共同维护,而智能合约功能可以让不同节点间的数据自动进行匹配和验证。首先每个企业需要保留其经营信息,通过哈希算法得到一段时间内经营信息的简化数字密文。在提供数据隐私保护的可能性下,审计机构可以调用被审计企业的各项数据的哈希值,与相关经营业务的客户、供应商、银行方的数据进行比较,进行多方数据交叉验证。以沃尔玛公司向供应商购买100万元的货源为交易A,然后以150万元的价格卖给批发商的交易B两笔交易为例,沃尔玛公司购买货源后产生的"应付账款和存货"的金额和供应商的"应收帐款和收入"的金额应该匹配,记录交易的时间不应该相隔很远;沃尔玛公司销售货源后产生的"现金和收入"的金额和批发商购买后的"存货和

现金支出"的金额应该匹配。交易A和交易B的验证可以通过调用联盟链上各个企业的信息交叉验证，自动进行。

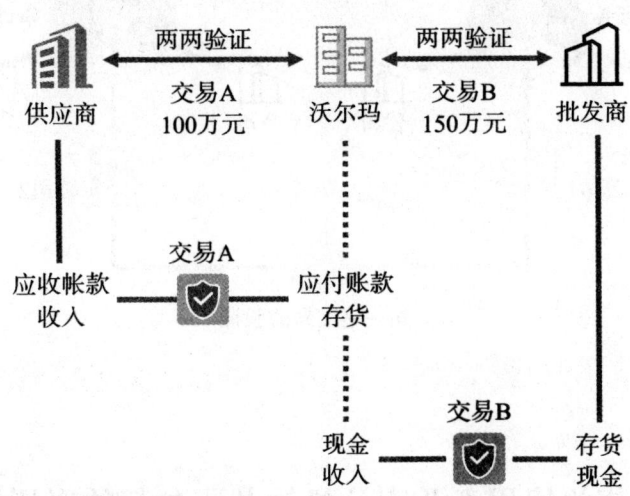

如果被审计企业和相关客户、供应商、银行等都属于同一家审计机构的客户，数据可以搭建在统一的联盟链平台，获取相关数据所需的协调工作相对容易。如果被审计企业和相关客户不属于一家审计机构，则需要搭建以各审计机构为主要节点的联盟链，如下图所示，被审计企业和相关业务往来公司的信息可以自动验证。区块链技术有利于搭建起各个企业互联的审计网络，进行自动化交叉验证，将大幅缩短验证审查时间，提高审计效率和信息质量，建立可信透明的审计程序和规范，并且大幅降低经济社会的总审计成本。

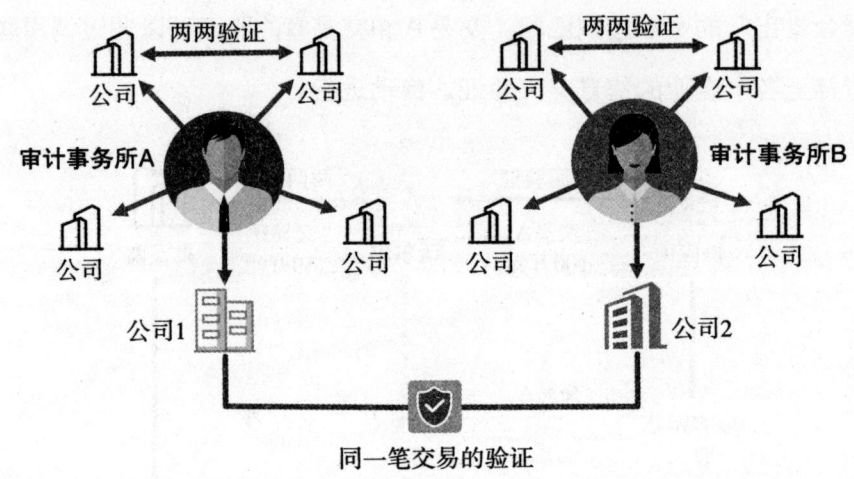

三、相关使用者及审计机构共同参与的联盟链网络，生成企业可信信息披露平台

在最终面对企业经营信息用户的界面，虽然用户的具体数据需求不同，但可信数据的需求是一致的。利用联盟链的技术结构，构建各个相关信息使用者、监管部门、审计机构和企业等共同成为节点的企业可信信息披露平台，最终保障面向资本市场广大投资者和用户的企业信息是可信的。平台可以设立企业信息需求方的各种数据权限，设立基于智能合约功能的各种模式和功能性披露应用。各个信息使用方可以按需调用经过审计的、可信的企业私链上储存的数据；可利用报表生成的自动合约功能一键完成符合企业财务信息

披露规范的财务报告；产出符合地方政府需求的相关企业信息汇总；或产出符合报税规范的税务总结信息等。联盟链模型如下图所示。

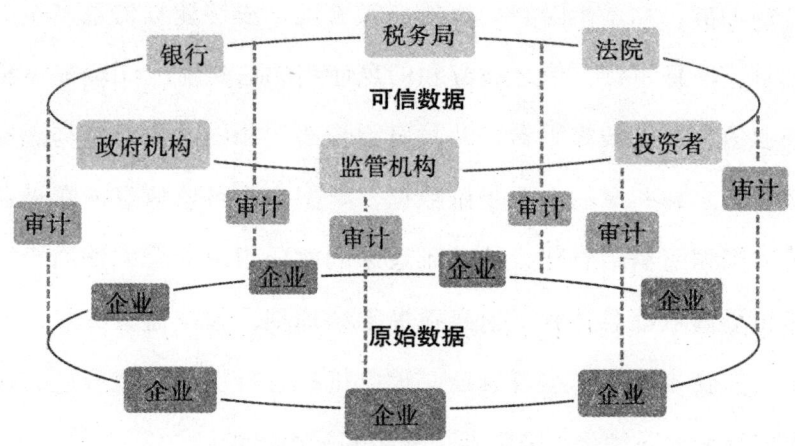

美国公众公司会计监督委员会（PCAOB）近几年积极探讨新技术对审计企业的方法标准制定、审计流程和公司财务表现形式的影响，倡导框架指引下积极探索如何应对新技术无处不在的现象。美国的审计事务所在审计的业务中进行了基于少数客户业务的区块链方面的积极探索，包含业务领域采用区块链技术的客户，业务领域涉及数字资产的客户，审计环节利用区块链技术等。不管是实践领域还是学术研究，受制于交叉学科人才的匮乏，我国和美国都处于利用区块链技术生成企业可信信息的应用研究的起步阶段。

如果互联网底层结构可以"尽力而为"地传递信息，区块链在此之上可以进一步建设能够传递"可信"信息的基础服务设施。从企业信息的原始记录阶段就采用区块链技术，比区块链技术去适应去改造已有商业记录系统，更能助力技术和实体产业创新结合，创造新数字时代的价值。区块链技术，辅以物联网自动输入功能、智能合约功能，和基于隐私计算的交叉验证，能够建立信息产生、信息记录、信息审计、信息披露和信息使用的信息流的闭环建设和企业商业信息共享披露平台，为政府监管部门和资本市场参与者提供可信、安全和共享的企业基础数据。新型企业可信信息披露平台可以成为国家可信信息建设的基础设施的重要组成部分，致力于解决资本市场虚假信息披露、信息孤岛手续烦琐、国家监管成本过高的难点，在资本市场、监管领域、政府机构进行引领示范效应，推动国家信息治理现代化、国际诚信社会的平稳建设。

区块链应用于金融交易后处理的机制

邹传伟

为什么区块链应用于金融交易后处理是一个重要问题?

央行数字货币和以 Libra 为代表的全球稳定币体现了区块链在货币和支付领域的应用,区块链在货币和支付领域的应用已成为备受关注的前沿问题。全球稳定币和央行数字货币除了应用于支付场景以外,也应用于金融交易场景。尽管金融交易场景受到的关注较少,但重要性却不低,理解它的关键是区块链应用于金融交易后处理。

金融交易后处理包含从交易完成到最终结算之间的全过程,核心是证券和资金的清算和结算。在本文中,证券指可交易的金融资产,通过发行证券向投资者募集的资金;资金指电子化的中央银行货币(不包括现金)和商业银行存款等支付工具;最终结算指证券

作者系清华经管数字金融资产研究中心特邀研究员、万向区块链首席经济学家。

和资金不可撤销和无条件完成转移的时刻。金融交易后处理既针对证券，也针对资金。如果资金也用区块链处理，金融交易后处理就自然涉及央行数字货币和全球稳定币。日本银行与欧洲央行合作的Stella项目、新加坡金管局的Ubin项目和加拿大银行的Jasper项目等都包含区块链应用于金融交易后处理的相关试验。不仅如此，用区块链处理证券和用区块链处理资金遵循相同经济学逻辑，都是用区块链的Token范式替代账户范式。

因此，要理解区块链在主流金融领域的应用，金融交易后处理是一个必须研究清楚的问题。这方面也已有很多成果。2015年，纳斯达克证券交易所推出基于区块链技术的私募股权交易平台Linq。2016年，上海票据交易所筹备组、人民银行数字货币研究所筹备组联合若干商业银行进行数字票据交易平台原型系统开发，实现了基于区块链的数字票据全生命周期的登记流转交易和基于数字货币的券款对付（DvP）结算功能。2018年，世界银行发行全球第一个使用区块链创建和管理的债券Bond-i。区块链应用于金融交易后处理，既涉及对区块链的理解，更涉及对金融基础设施的理解，不易研究清楚。随着金融基础设施一线专家的重视，已出现一批高质量文献。比如，姚前2019年在《中国金融》发表的《基于区块链的新型金融市场基础设施》，国际清算银行支付与市场基础设施委员会（CPMI）2019年底以来发布的三篇研究报告从不同角度讨论分布式账本对支付和证券结算的影响。将这些研究报告综合起来，可以看到区块链应用于金融交易后处理的概貌和核心问题。

金融交易后处理的核心组成部分

只有了解金融交易后处理的核心组成部分，才能分析区块链应用于金融交易后处理的必要性与合理性。

早期证券采取实物形式，是纸质凭证，有无记名证券和记名证券之分。记名证券是目前实物证券的主要模式，遵循直接持有模式。投资者持有实物证券，直接行使名下证券的权利，没有托管风险（由中介机构托管持有的证券会有遗失风险），证券所有权直接登记于证券发行人的登记册。证券买卖后的交收需要交送实物凭证。目前，我国本土和澳大利亚已没有实物股票，美国、新加坡、韩国和印度等国家和中国香港地区仍有实物股票，但在交易前必须非实物化。非实物化的含义是，因为实物证券的保存和交收对投资者意味着高昂成本和风险，投资者通常会将实物证券交由托管机构代为持有，这就衍生出间接持有模式。

要理解主流的证券持有模式，必须理解中央证券存管（CSD）的功能和运作。CSD使证券非实物化，使证券成为CSD账户中的电子记账科目，进而使证券非流动化，使证券交易不涉及纸质凭证的物理交割。CSD主要承担三项功能：一是认证，公正并受信任地维护已发行证券的记录;二是结算,将证券的所有权从卖出方转给买入方;三是账户维护,建立并更新证券的所有权记录。

根据香港交易所2020年报告《证券持有系统与"穿透式"市场监管的国际经验》,在间接持有模式中,投资者通过代理人(包括CSD和经纪商、托管机构等市场中介机构)持有证券,证券登记册上显示的是代理人之名而非投资者之名。间接持有模式可以细分为单层持有模式和多层持有模式。在单层持有模式中,投资者为CSD的直接参与者,CSD为其参与者管理代理人账户。在多层持有模式中,最高一层通常为CSD,其下各层有各类金融服务提供者(比如经纪商和托管机构)以投资者的代理人身份行事。

不同国家和地区在证券持有模式上差异很大。我国是以直接持有模式为主。投资者需要在中国结算(我国股票市场的CSD)实名开立证券账户,开户程序可以通过获授权的证券公司办理。投资者的证券账户由总账户("一码通"账户)及关联的子账户组成。账户采取实名制,且有独一无二的识别码。中国结算负责维护投资者的证券账户资料及证券发行人的股份登记册。投资者所持股份由证券公司代为托管,证券公司本身持有及代客户持有的股份均存记于中国结算。我国的代理人账户仅限于通过香港代理人在"沪深港通"下持有股票的境外投资者。而美国和印度是间接持有模式,中国香港、新加坡和韩国等兼有直接和间接持有模式的特征,都有代理人账户。代理人账户的存在,降低了中央证券存管处(CSD)对信息的要求,但证券所有权信息"碎片化",对账难度较大。

完整的证券交易流程可以分为两个环节。第一环节是交易,也就是证券买卖,需要一个中心化中介机构或多个中介机构匹配买卖指令。比如,股票报单和撮合在交易所完成。第二个环节是交易后处理,分为清算和结算。清算主要是计算交易有关各方的证券和资金偿付义务,一些偿付义务会被抵消或轧差。清算也包括将交易信息发到第三方机构处对账,并确认要结算的对象。结算指按照协议转让证券和资金的所有权,分为付券端和付款端。付券端是将证券从证券卖出方转到证券买入方,付款端是将资金从证券买入方转到证券卖出方。

付款端涉及支付系统。支付分为批发支付和零售支付。批发支付发生在金融机构之间,与金融机构之间的证券和外汇交易,金融机构与中央对手方(CCP)之间交易,以及金融机构之间融资有关。零售支付则与消费者和商业机构对商品和服务的购买有关,包括个人对个人(P2P)、个人对商业机构(P2B)、商业机构对个人(B2P)和商业机构对商业机构(B2B)。

不管是批发支付还是零售支付,都有前端和后端之分。前端包括三类:一是资金来源,比如银行账户;二是发起支付的服务渠道,比如零售支付App;三是支付工具。后端包括两类:一是清算,指支付指令传输和对账过程,有时也包括结算前的交易确认;二是结算,指转移资金以解除两方或多方之间的偿付义务。

支付系统主要结算方式有三种。第一种是实时全额结算（RTGS），指逐笔全额结算支付指令。RTGS效率高，降低了支付有关各方的信用风险，但对流动性的要求相对较高。第二种是延迟净额结算（DNS），指对支付指令轧差后净额结算。DNS能节约流动性，但轧差和结算都需要一定时间，有两个维度的结算风险：一是信用风险，指收款方或付款方的支付服务商（主要是商业银行）在结算完成前违约造成的风险；二是流动性风险，指收款方可能延迟收到资金的风险。第三种是RTGS和DNS的混合模式。比如，如果付款方的支付服务商没有足够资金执行RTGS，支付系统提供流动性节约机制（LSM），将付款指令与其他支付指令轧差后才结算。

在几乎所有国家，批发支付都用RTGS，并且RTGS系统通常由中央银行所有并管理。在RTGS系统中，如果金融机构账户余额不足，可能造成支付指令阻塞，为此中央银行会为金融机构提供日间信用额度。零售支付之前通常用DNS。

结算的主要风险之一是本金风险，因为资金支付与证券交割不同步，导致卖出方交付证券后无法获得资金，或者买入方支付资金后无法获得证券的风险。因此，金融交易后处理强调DvP结算——证券交割当且仅当资金支付。取决于付券端和付款端是全额结算还是轧差后净额结算，共有三种DvP模式：一是DvP模式1，指证券和资金都是逐笔全额结算；二是DvP模式2，指证券逐笔全额结算，而资金轧差后净额结算；三是DvP模式3，指证券和资金都是轧差后净额结算。

资金和证券Token化的经济学逻辑

（一）Token化的一般逻辑

有必要先厘清账户、Token和账本三个概念。比如，证券记录在CSD账户中，而电子化的中央银行货币记录在中央银行存款准备金账户中，商业银行存款记录在商业银行存款账户中。这些都是账户范式下的价值表达方式，资产的所有权和交易记录都由中心化的账户管理者维护和更新。Token作为数字凭证，是另一种价值表达方式。账本对应Ledger（收支总账），记录资产所有权和交易，可以采取账户范式，也可以采取Token范式。

Token在存在形态上是一段计算机代码，没有任何内在价值。Token的价值来自于所承载的资产（资金和证券），需遵循三个规则。一是1:1发行规则。Token发行机构基于标的资产按1:1关系发行Token。用户给Token发行机构1单位标的资产，Token发行机构就给用户发行1单位Token。二是1:1赎回规则。用户向Token发行机构退回1单位Token，Token发行机构向用户返还1单位标的资产。在前两个规则下，Token发行机构确保Token与标的资产之间的双向1:1

兑换。三是可信规则。Token发行机构必须定期接受第三方审计并充分披露信息，确保作为Token发行储备的标的资产的真实性和充足性。在这三个规则的约束下，1单位Token代表了1单位标的资产的价值，账本中每个地址的Token数量就记录资产所有权信息，而地址之间的Token转移记录了资产交易信息。在Token有二级市场交易时，Token市场价格可能偏离标的资产的价值，但市场套利机制会驱动价格向价值回归。一旦这三个规则没有被全部严格遵守，市场套利机制的效果就会减弱，Token价格会与标的资产的价值脱钩。

（二）资金的Token化

CPMI用图1来说明批发结算Token的机制，步骤如下：（1）银行A为购买Token，向Token安排账户转入资金；（2）Token安排账户余额增加，触发Token发行者新发行等量Token；（3）新发行Token转给银行A；（4）银行A转Token给银行B，这个转让是点对点的；（5）银行B赎回Token时，将一定数量的Token转回Token发行者；（6）Token赎回触发Token安排账户转出等量资金；（7）这些资金转入银行B的账户。批发结算Token的发行、转让和赎回机制体现了1∶1发行和1∶1赎回两个规则。图1左边是账户范式下的操作，右边是Token范式下的操作，说明两个范式之间应该有互操作性（不同系统或机制之间在技术和法律上的兼容性）。图1的机制对资金的

Token化普遍适用，不限于批发结算场景。

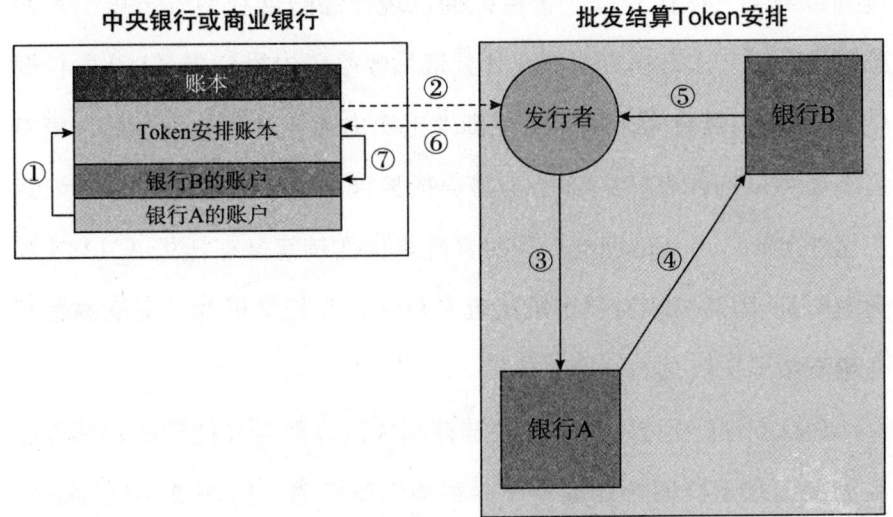

图1 批发结算Token的机制设计

（三）证券的Token化

要理解Token化证券，最好将其与存托凭证相比较。Ubin项目和Jasper项目在介绍资金和证券Token化时，就直接用存托凭证这个概念。

存托凭证是在一国证券市场发行流通，代表境外公司有价证券（称为"基础证券"）的可转让凭证，每个存托凭证代表一定数量的基础证券。存托凭证可以与基础证券进行跨境交易。在境内投资者向境内经纪商发出购买存托凭证的指令后,境内经纪商可以选择在境内市场买入存托凭证,也可以通过境外经纪商在境外市场买入基础证券,经存托机构转换成存托凭证后卖给境内投资者(1:1发行规则)。在境内投资者向境内经纪商发出卖出存托凭证的指令后,境内经纪商可以选择在境内市场卖出存托凭证,也可以通过境外经纪商在境外市场卖出基础证券,同时存托机构注销等量存托凭证(1:1赎回规则)。因为跨境交易形成的套利机制,存托凭证与基础证券之间一般不会出现较大的价格差异。

Token化证券可以视为区块链存托凭证或数字存托凭证,只不过主流存托凭证打通的是境外证券和境内投资者,区块链存托凭证打通的则是同一证券的账户形态和Token形态。存托机构在证券Token化中居于核心地位。存托机构按照存托协议的约定持有基础证券,委托托管机构托管,并在区块链上签发代表基础证券的Token凭证。

资金和证券Token化的经济学逻辑并不复杂,但法律问题相对复杂得多。国际清算银行支付与市场设施委员会(CPMI)提出,要研究Token持有者的法律权利,以及Token持有者、Token发行者与Token的储备资产之间的关系。比如,Token持有者是对Token发行者有索取权,还是对Token的储备资产有索取权?如果是后者,Token持有者是作为个体还是作为一个整体对储备资产有索取权?这些会造成不容忽视的合规风险和操作风险。对账户范式下的金融交易后处理,CPMI已有长期探索和研究,并建立了一系列风险缓释和管理机制，而Token化证券的法律基础仍有待研究。

区块链应用于金融交易后处理的关键机制

区块链应用于金融交易后处理是从账户范式到Token范式的转换。但仅靠范式转换不足以支持在金融交易后处理中引入区块链的必要性和合理性，关键要证明区块链具有能提高效率，降低风险，并保留目前模式的优点。

在证券的间接持有模式中，一笔交易涉及多个中介机构，比如CSD、托管机构（可以有多层）、交易所和经纪商等。每个中介机构都使用自己的系统来处理、发送和接收交易指令、核对数据以及管理差错等，并维护自己的交易记录。每个中介机构使用的数据标准都不统一。每个环节都会产生大量成本，并增加中介机构之间对账的难度。这些问题在证券多层持有时更为明显。

如果CSD的结算和账本维护功能通过区块链来实现，那么CSD与证券结算系统融为一体，所有市场参与者共享一个账本，将带来以下好处：一是通过分布式、同时化和共享的证券所有权记录来简化和自动化交易后处理工作，降低CSD和各种中介机构在后台对账和确认交易细节信息的工作量；二是缩短结算所需时间，减小结算风险敞口；三是因为交易有关信息由交易双方共享，能促进自动清算；四是缩短托管链，使投资者可以直接持有证券，降低投资者承担的法律、运营风险以及中介成本；五是可跟踪性好，透明度高；六是去中心化、多备份能提高系统安全性和抗压性。最后，Token化证券的持有者可以通过智能合约编程，对证券进行自动化管理，以实现灵活的风险转移、对冲和资源配置等功能。账户体系也能对证券进行自动化管理，但由中心化的账户管理者实现，而Token化证券则把自动化管理能力下放到证券持有者。

Token化证券要实现以上好处，需满足以下前提：一是CSD很好地履行认证功能，确保已发行证券信息的真实性。二是区块链上的记录有法律效力。三是区块链能保证结算的最终性。这个问题对联盟链难度不大，但一些公链因为存在分叉的可能性，只能在概率意义上保证结算的最终性。四是能实现DvP。五是能有效处理差错和例外情况，区块链不可篡改的特征在客观上增加了这个问题的难度。六是在可能有多方参与验证的情况下，确保交易信息的保密性。七是运营层面的问题，包括身份管理、系统可拓展性以及与现有流程和基础设施的互操作性。

一些项目测试了区块链应用于金融交易后处理能否实现DvP。这个问题的复杂性在于，付券端和付款端既可以用Token范式，也可以用账户范式，共有四种不同组合，每种组合都能找到对应的项目。

值得特别说明的是付券端和付款端都用Token范式的组合。根据姚前《基于区块链的新型金融市场基础设施》，在基于区块链技术的数字票据交易平台中，对数字票据的资金结算设计了两套方案：一是链外清算，即采用RTGS清算；二是链上清算，即通过央行数字货币进行结算。试验发现，央行数字货币的引入大幅简化了票据交易流程，可实现自动实时的DvP、监控资金流向等功能。而如果采用链外清算，则基于区块链技术的数字票据优势将大幅缩水，与传统电子票据系统差异不大。

付券端和付款端都是Token范式这个组合存在两个细分情形：一是付券端和付款端使用同一个区块链账本，称为单账本DvP。Jasper项目和Stella项目认为，DvP模式1在单账本DvP下可行。二是付券端和付款端使用不同的区块链账本，称为跨账本DvP。跨账本DvP是否可行还没有明确结论。

需要进一步研究的问题

本文总结了区块链应用于金融交易后处理的文献，试图回答下列问题：在区块链上发行和交易证券是什么原理？央行数字货币怎么应用于金融交易场景？区块链应用于主流金融领域会是什么形式？对区块链应用于金融交易后处理，还有大量的经济学、技术、法律和商业拓展问题需要研究。

第一，资金和证券Token化的经济学逻辑不复杂，但法律问题尚无清晰答案，主要体现为Token持有者的法律权利，以及Token持有者、Token发行者与Token的储备资产之间的关系。

第二，区块链应用于金融交易后处理的必要性和合理性。目前的分析表明，在证券的间接持有模式中引入区块链，有助于缩短托管链条，降低对中介机构的依赖，简化对账工作量，从而缩短结算流动并提高结算效率。这些改进对证券多层持有更为明显。但在我国资本市场（包括股票市场与债券市场）中这样的直接持有模式，区块链的改进作用还有待测试。

第三，我国在数字票据交易平台的试验表明，证券Token化后，必须配合资金Token化，才能发挥区块链在金融交易后处理中的潜力。因此，区块链应用于金融交易后处理，央行数字货币是一个不能回避的问题。

第四，区块链会为金融交易后处理带来新的问题，包括但不限于：1.结算的最终性；2.有效处理差错和例外情况；3.在去中心化环境下轧差后净额结算的可行性；4.跨账本DvP的可行性。

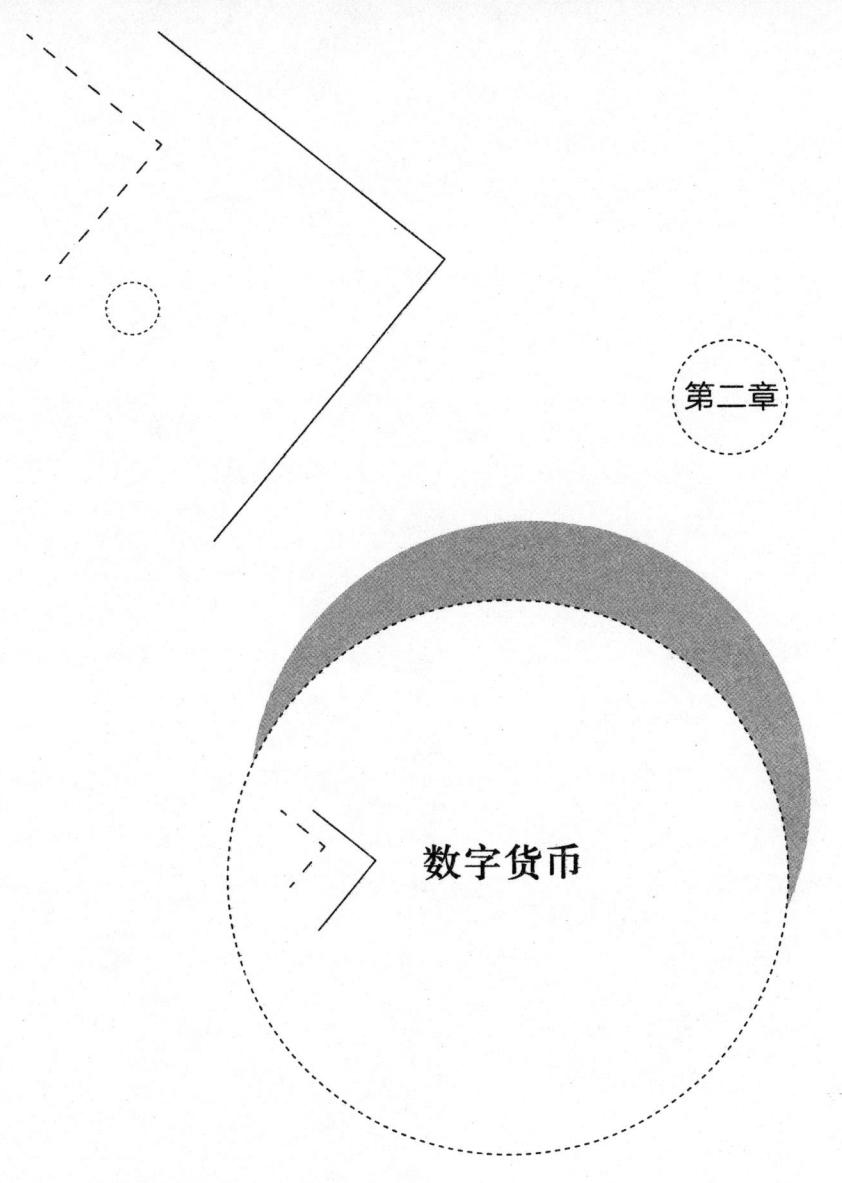

第二章

数字货币

双层体系下央行数字货币的技术考量 / 姚　前
何为数字货币 / 王永利
数字货币的会计确认和税收实践 / 罗　玫
数字货币期货期权市场 / 王茵田　陈　垠　赵　伟
人民币数字稳定币的展望 / 罗　玫　杨　光　龙　凡

双层体系下央行数字货币的技术考量

姚 前

关于央行数字货币是什么的问题,各国中央银行都在积极探索。

我们认为央行数字货币应该具备电子货币和实物现金两者的综合特征,是数字经济时代的通货。可以从四个维度上理解央行数字货币,即在价值内涵上是信用货币,从技术方式看是加密货币,从实现手段看是算法货币,从应用场景来看是智能货币。

考虑到中国发达的支付环境,中国的法定数字货币,必须在品质上超越现有的各种私人支付工具。让货币价值更稳定,让数据更安全,让监管更强大,让个人的支付行为更便捷,让货币应用更智能,在很好地服务大众的同时又能为经济调控提供有效手段,还能为监管科技的发展创造坚实的基础,这是中国法定数字货币追求的目标。

作者系中国证监会科技监管局局长、清华经管数字金融资产研究中心特邀高级研究员。

对货币持有者而言，他们最关切的货币品质不外乎两点：一个是不能"假"了，另一个是不能"毛"了。前者是对铸币技术的要求，后者是对货币背后价值支撑的要求。这种关切对数字货币来说也是概莫能外。

为完成央行数字货币追求的目标，我们认为在设计时可遵守以下原则。

1.安全稳定原则。即通过业务目标分析和安全技术防控，最大程度理解并识别风险点，制定应对措施，确保金融安全稳定。

2.便捷有效原则。即利用数字化优势进行流程再造和优化，充分发挥数字化货币支付方式的便捷有效性，支持多应用场景的需求。

3.自主可控原则。即坚持自主设计、自主开发、自主集成的原则，掌握系统核心技术，从根本上保障国家经济安全。

4.分层设计原则。即根据各利益相关方的定位，采用松耦合分层设计方式，各分层之间的交互通过标准规范连通，便于实现功能的扩展与调整。

5.中立择优原则。即技术中立且不局限特定技术，在技术演进竞争中择选最优路径。

6.共生发展原则。即确保全生命周期完整性和闭环性，与现有金融基础设施融合发展，减少对业务制度、流程法规、组织架构的冲击。

关于双层体系

法定数字货币的运行框架是一个非常关键的问题。可以有两种模式选择：一是由中央银行直接面向公众发行数字货币；二是遵循传统的"中央银行—商业银行"二元模式。中国在设计央行数字货币的发行、流通过程中，要充分考虑系统、制度设计所面临的多样性和复杂性。中国地域广阔、人口众多，货币流通条件复杂，社会支付需求多样化。如果采用单层（one-tier）体系，将面临极大的考验。为提升央行数字货币的便捷性和服务可得性，增强公众使用意愿，考虑采用双层（two-tier）体系，来应对上述困难。

采用双层体系，一是更容易在现有货币运行框架下让法定数字货币逐步取代纸币，不颠覆现有货币发行流通体系；二是可以调动商业银行积极性，共同参与法定数字货币发行流通，适当分散风险，加快服务创新，以更好地服务实体经济和社会民生。

在双层体系模式下，商业银行向中央银行请领数字货币，并受中央银行委托向公众提供法定数字货币存取等服务，并与中央银行一起维护法定数字货币发行、流通体系的正常运行。这也是央行数字货币的发行对现有货币体系、业务架构以及基础设施冲击最小的方式。

由中央银行和商业银行参与，进行中央银行—商业银行的双层体系模式设计与实现，完成跨地域、多异构系统的对接，实现中央银行和商业银行全流程闭环体系。

法定数字货币业务架构结合传统货币管理政策、二元模式要求，并按加密数字货币（CBDC）的特征，采用价值链方法进行分析。法定数字货币从业务角度按价值链分析，包括发行、流通、回笼、管控的流程。从参与方维度，又可以自上而下分为中央银行、商业银行到最终企业和个人用户三层。由此构成二维结构下的整体业务架构。

任何一种货币都需有具体形态和携带方式，实物货币、金银货币或纸币如此，数字货币也不例外。加密数字货币研究历史由来已久，近年来私人准数字货币兴起，但中央银行发行的加密法定数字货币研究和应用却并不多。

加密数字货币理论研究虽然已有30多年历史，但主要针对的是私人部门准数字货币，由于没有价值支撑并且缺乏真正货币制度属性，因此与中央银行发行的法定数字货币还有很大区别。典型的比特币（Bitcoin）只是在分布式账本上的数字形式，并不具有货币属性。

对于央行数字货币，首倡FedCoin的JP Koning提出了央行数字账户（CBDA）和央行数字货币（CBDC）的区别。欧洲央行也提出了类似的观点，认为中央银行发行的数字基础货币有基于账户的和基于价值的两种可选形式。这两种形式在一定程度上可以互补，在不同应用场景下可以择优使用以满足不同需求。

关于央行数字货币表达式，我们提出两个松耦合的设计原则。

央行数字货币在形态上与传统银行账户松耦合。传统电子支付工具的资金转移必须通过账户完成，采用的是账户紧耦合方式。央行数字货币则应基于账户松耦合形式，使交易环节对账户的依赖程度大幅降低。这样，央行数字货币既可和现金一样易于流通，又能实现可控匿名。技术路线可分为基于账户和不基于账户两种，也可分层并用而设法共存，具体形态可以是一个来源于实体账户的数字，也可以是记于名下的一串由特定密码与共识算法验证的数字。

央行数字货币其表达式设计的创新点在于既能够继承传统纸币的优势，同时也能够支持加密数字货币相关技术的新特性，同时CBDC随着技术和应用的发展还可以支持未来更多特性和能力。从设计上，通过结构化水平分层和自定义变长字段，增强了可扩展性，拓宽了适用性，提高了技术兼容性，能够满足各种应用需求。属性包含法定货币制度主要构成要素和权属等多种基本属性，以及应用扩展属性。从特性上，支持一次一密、可编程、不可伪造、不可篡改等多种法定数字货币特性。

我们理解银行账户其实是一整套完整的合约，用以整合银行与用户之间的所有服务，这是在传统的大集中与一本账的理念下形成的资产。现在分布环境中，为了确定系统的耦合程度，需要重新审视：

• 首先在双层架构下，由于存在多个投放主体，而且各自的业务组织方式也不尽相同,如果高度依赖银行账户的话,会导致央行清算系统的复杂度和清算成本的显著增加。

• 其次是处理逻辑的所有权或控制。如果依赖银行账户与核心集中管理业务,服务是静态绑定在账户体系中的,不同子过程和事务之间将紧密耦合。而央行数字货币因其独特的数据结构,能够表达出很多原来需要账户体系来验证的信息,所以业务流程高度分布(例如在跨投放机构的B2B环境),不同子过程和事务通常更独立,松耦合的方式有助于提高效率,实现动态服务。

• 最后,考虑到多家投放机构各自的账户体系经过长时间的建设,形成了各自的特点,出于不浪费已有IT投入的考虑,采用账户松耦合的设计来减少平台依赖性。

为缓冲单独设立数字货币体系给现有银行体系带来的冲击,并从最大限度地保护商业银行现有的系统投资角度考虑,我们已经对数字货币与银行账户松耦合的具体设计进行了初步研究,提出以下实现构想供业内参考。

可考虑在商业银行传统账户体系上,引入数字货币钱包属性,实现一个账户下既可以管理现有电子货币,也可以管理数字货币。电子货币与数字货币管理上有其共性,如账号使用、身份认证、资金转移等,但也存在差异。数字货币管理应符合央行有关钱包设计标准,类似保管箱的概念,银行将根据与客户约定的权限来管理保管箱(比如必须有客户和银行两把钥匙才能打开等约定),保留数字货币作为加密货币的所有属性,将来利用这些属性可以灵活定制应用。

这样做的好处是沿用了货币发行双层投放的做法,数字货币属于 M_0 范畴,是中央银行的负债。由于商业银行依然在实质性管理客户与账户,不会导致商业银行被通道化或者边缘化。不同于以往的圈存现金,数字货币不完全依赖银行账户,可以通过代理投放机构直接确权,利用客户端的数字货币钱包实现点对点的现金交易。

在双层投放体系下,客户之间点对点交易数字货币,由代理投放机构进行交易确认与管理(谁投放谁管理),央行承担监管责任。电子货币交易,则和现有流程一致,通过央行跨行支付系统、商业银行核心业务系统完成。

从体现分层并用的思想、延续商业银行以客户为中心的思路角度,这种松耦合的具体实现,可以在银行基本账户增加数字货币钱包 ID 字段。钱包起到保管箱功能,不参与日终计提等业务,可使现有银行核心业务系统受到的影响最小。数字货币的确权依托代理投放机构,传统账户与数字货币结合,可以极大增强银行 KYC(Know your customer,充分了解你的客户)与 AML(Anti-Money Laundering,反洗钱)的能力。

随着互联网、云计算、大数据等金融科技的快速发展,任何个体在网络中的行为都会留下痕迹信息,央行数字货币的流动也不例外。货币数字化过程中伴生的一个负面影响是金融消费者的个人隐私权益往往受保护不足，尤其可能出现支付敏感信息泄露事故。央行数字货币涉及客户、金融机构、商户、支付服务商等多个主体，涉及收集、使用、传输、销毁等多个流程。对这个过程中产生的金融信息进行整合、分析和挖掘，固然可以发现新知识、创造新价值，增进社会总体福利，但也可能会给信息主体的隐私权益带来威胁和损害。如何提供一个有效的隐私保护水平，是央行数字货币设计过程中必须考虑的问题。

通过分析央行数字货币涉及的各方主体对金融信息隐私保护方面的不同利益诉求，我们认为在进行央行数字货币隐私保护设计时，需要寻求一种机制安排，满足各主体的核心权益，并通过各主体出让部分非核心权益，取得各方利益平衡，使系统整体效用达到最优。这种隐私保护机制的安排必须是在完全第三方匿名和无第三方匿名之间，即可控匿名机制。

信息主体保护信息的需要

在央行数字货币的用户体验上，应考虑到金融消费者隐私保护的需求。通过隐私保护技术保证数据安全，避免信息泄露，为央行数字货币流通营造一个更为健康的使用环境，体现出央行数字货币竞争优势。

如果央行数字货币的设计架构能充分保护金融消费者的隐私权益，当金融消费者获得自身人格和尊严完整的权利，并感知到隐私和安全有保障时，才愿意共享和披露更多信息，进而乐于使用央行数字货币。随着隐私保护内容的设计力度不断加强，到达最优平衡点后，金融消费者与金融机构之间建立的关系不断被削弱，与金融活动相关的个体信息得不到有效利用，反而会阻碍金融活动的开展。因此，在隐私保护设计内容加强的过程中，也不能走入极端，否则会带来个体效用的降低。金融消费者对自身非敏感金融信息的让渡，除了会得到一定的便利性和经济回报外，也是金融契约得以建立、金融活动得以开展的前提。通过合理的制度安排和技术设计，使金融信息能在监管框架下得到合理收集、处理和利用，可以提升个体效用。

金融机构利用信息的需要

央行数字货币的金融信息蕴含着巨大社会价值和商业利益，是直接的社会财富和资源。

适当水平的隐私保护机制，可显著降低金融消费者信息被盗用、不当利用等风险，可更多培植金融消费者的信任，整个领域内金融消费者信息的利用才得以进行。当金融信息的主体认为安全有保障时，他们才更愿意与金融机构共享更多的数据，金融机构才能够创造更多的价值、获得更高的效用，这也是金融机构持续开展经营的基础保障。

随着央行对隐私保护力度要求的不断加强，到达最优平衡点后，为加强金融信息隐私保护而额外引入的技术手段会带来金融机构运营成本和利用难度的增加，会阻碍金融机构对于分析利用央行数字货币金融信息的积极性，从而降低金融机构的效用。

监管部门管理信息的需求

金融监管部门作为金融秩序的管理者，在隐私保护方面，既要保证金融消费者金融信息的安全，又要促进金融机构有效使用金融信息。

如果央行数字货币设计没有交易第三方匿名，必然会泄露交易方的个人信息和隐私。因此，金融监管部门收集和利用央行数字货币流通中产生的个人金融信息，应在个人信息法律保护制度下对个人金融信息提供隐私保护，这也是央行数字货币被公众接受的前提和基础。

但是如果央行数字货币设计允许完全第三方匿名，也会助长犯罪，如逃税、恐怖融资和洗钱等犯罪行为。因此，金融监管部门在以国家安全和社会管理为目的的前提下，需要通过大数据分析等金融科技手段，充分发掘央行数字货币在金融活动中产生的信息，以实现货币政策的科学和理性决策。同时，通过线索溯源和情报分析，金融监管部门可识别并获取与犯罪相关的金融信息，可有效打击犯罪与保障人权，助力恐怖主义活动预防和侦查，有助于整个社会的稳定。

可控匿名机制设计

在进行央行数字货币隐私保护架构设计时，需寻求一种机制安排，使各主体的核心需求得到满足，并通过出让各主体部分非核心利益，使系统整体效用达到最优。为取得各主体利益的平衡以及社会总体效用最优，我们认为，法定数字货币隐私保护机制的设计与安排必定是在完全第三方匿名和无第三方匿名之间，即可控匿名机制。

（一）可控匿名机制的内涵

"可控"指通过收集客户信息、确认数字货币权属及记录交易过程，锁定交易双方真实身份和交易要素，实现一定条件下的交易双方可追溯，保证中央银行获取相关全量信息。

"匿名"指基于账户松耦合形式，通过使用隐私保护技术手段，管理相关数据使用权限，令央行数字货币在一定程度上保持现金的匿名属性，满足公众对匿名支付服务的需求，保证在流通过程中各参与方只能看到与自己相关的信息或无意义的数据。

（二）设计原则与技术实现

可控匿名机制在设计时可遵循以下原则。

前台自愿后台实名原则。

去个体化使用处理原则。

金融信息适度披露原则。

央行数字货币的设计需要兼具账户特征和现金特点，通过制度安排和技术设计实现可控匿名机制，提供足够程度的隐私保护的同时不让违法犯罪行为滥用，使得各方利益平衡，并使总体效用达到帕累托最优。

关于智能合约

这里需要先解释两个概念，一是数字货币自带的可执行脚本，二是依赖系统来运行的智能合约。

可执行脚本是批处理文件的延伸，是一种纯文本保存的程序，一般来说的计算机脚本程序是确定的一系列控制计算机进行运算操作动作的组合，在其中可以执行一定的分支逻辑等。脚本程序相对一般程序开发来说比较接近自然语言，可以不经编译直接解释执行，能够快速开发或执行一些轻量的控制。

而智能合约，在技术意义上是应用层面的一段代码，以及集体认可的解释这段代码的协议。在这个基础上，合约承诺被实现，或者合约承诺实现被记录下来。根据尼克·萨博（Nick Szabo）给出的定义，智能合约是一套以数字形式定义的承诺，包括合约参与方可以在上面执行这些承诺的协议。智能合约被写入计算机可读的代码中。一旦达到触发条件，由计算机自动执行。可以加载时间、信用等前置条件，也可以被应用于缴税、反恐融资等多种场景中。

前文提到央行数字货币是和账户松耦合的，那么这个相对独立存在的对象就可以添加一个可执行脚本字段，对该字段的操作可视为对央行数字货币表达形式的改变，因此对央行数字货币加载此类可执行脚本字段应保持审慎态度。

我们理解的智能合约是央行数字货币之上的应用，类似于支付宝等支付工具是在法定货币之上的应用。从这个意义上来说，智能合约是央行数字货币在流通环节中的业务描述，不会在货币发行回笼体系中起作用，也不会改变央行数字货币的形态，不会对其法偿性造成影响。

虽然当前智能合约在技术实现方面才刚刚起步，但是利用分布式和加密等技术组合创新，已经可以提供透明可信、自动执行、强制履约等功能。其目标是希望依托程序的自动化优势,通过组合串联不同的智能合约,达到不同的目的,能够使我们加速走向更为高效的商业社会。

但目前智能合约的技术实现还不够完善,智能合约漏洞可能造成的各种问题令人担忧,这些问题的修复和控制方面还存在一些难点。

从安全角度考虑,我们对智能合约的研发应保持慎重态度,待其有一定的技术成熟度(Technology Readiness Level)后,再作为下一阶段的研究目标。

市场驱动的竞争选优策略,能有效调动商业机构的资源,有利于探索双层投放体系的最佳实施方案。同时,中央银行也必须充分考虑如何实现整合资源的合力效果,避免出现木桶效应。

央行数字货币应不同于各种代币的去中心化发行模式。在安全、可靠的前提下,央行数字货币将"不预设技术路线,调动商业银行等市场力量,共同开发运行"。我们相信市场的智慧,在央行数字货币的系列核心问题上一定会涌现出更多更好的解决方案。

按照中国人民银行数字货币研发需要,在前期研究成果上,我们开展了法定数字货币原型系统实验工作。该实验以中央银行与商业银行的二元体系为基础架构,尝试使用了可信可控云计算、安全加密、分布式账本等技术。

2016年年底中国人民银行完成了法定数字货币原型系统IDM1.0

的设计与实现，成功接入数字票据交易平台，并与五家商业银行系统实现对接，共同完成法定数字货币的发行、回笼以及在数字票据平台流通运行的全过程闭环进行验证，为下一步法定数字货币的研发探索了业务与技术路径。

该实验使中国央行在CBDC研究实践领域走在世界前列，引发了国内外对中国央行的高度关注，也为中国人民银行继续深化推进法定数字货币研发奠定了坚实基础。

基于前期理论研究、原型试验、后续持续业务和技术研究攻关等实际工作，中国人民银行构建了法定数字货币标准化体系和专利体系。截至2020年4月，累计申请专利130件（数据来源中国知识产权报），数量在世界范围内居行业首位。

2018年1月27日出版的英国杂志《经济学人》刊发封面文章《下一场战争：大国冲突之威胁日增》，其主要观点为未来的大国竞争，需要建立在机器人、人工智能、大数据和定向智能武器之上。很显然，作为数字经济发展基石的数字货币亦是大国竞争的重点。把实物货币转为数字货币的梦想已在民间率先发力和试验，作为货币当局，中央银行应奋起直追。

何为数字货币

王永利

自2009年年初比特币推出开始,"数字货币"花样不断翻新,在全球范围内不断升温。2019年6月,世界著名的社交网络公司Facebook发布其计划于2020年推出的数字货币"Libra"的白皮书,声称将联合全球100家大型公司共同发起和管理为数十亿人服务的无国界货币,自此有关数字货币的讨论更加热烈。此后,又一消息传出,再次将"数字货币"概念推上热议,中国央行宣布其央行数字货币"呼之欲出"。

但这其中却暴露出一个问题,即人们所说的数字货币实际上包括多种类型,并没有明确的定义和统一的口径,人们似乎对什么是数字货币没有准确理解,甚至什么是货币都没弄清楚。导致社会范围内大量充斥着望文生义、凭空想象、似是而非的说法,但标新立

作者系深圳海王集团首席经济学家,中国银行前副行长。

异、惊世骇俗的说法却很容易形成巨大的轰动效应，造成社会范围内对货币的认知愈加混乱，吸引了不少人和资金盲目投资，甚至会影响国家政策层面对货币发展的把握，如果放任其野蛮发展将会带来非常严重的问题和影响！

一、多种"数字货币"并存带来混乱

目前，关于数字货币的说法，主要包括以下几类。

1. 去中心化的网络内生"数字加密货币"，如比特币、以太币等。

2. 与一种法定货币等值挂钩的"稳定币"，如 USDT、USDC、GUSD、JPMC 等。

3. 与一篮子法定货币按比例挂钩的"稳定币"，如已发布白皮书，尚未推出但已产生巨大影响的 Libra，以及近年来很多人呼吁的，由国际货币基金组织发行与一篮子法定货币结构性挂钩的 eSDR 等。

4. 中央银行运用新的信息技术推出的，适用于网络运行的非现金类数字货币，被称为"央行（法定）数字货币"。

以上几类数字货币存在本质上的差别，那么，它们都是数字货币吗？或者说，这些所谓的"数字货币"，真的是货币吗？

进一步的问题是，当今社会的货币，已经不再是实物货币，而是信用货币，但很多人对货币的认知还停留在实物货币阶段，并没有认识到，货币已从实物货币转化为信用货币。这是货币发展史上极其深刻的裂变，货币投放方式、运行模式、实际影响、管理要求等都发生了根本变化，货币理论并没有对此进行充分准确的揭示和阐明，因此，现在全社会对货币的认知存在很大偏差，理论上亟须明确：货币的本质定位与核心功能到底是什么；为什么货币会从实物货币转化成信用货币；信用货币的"信用"到底是谁的信用；信用货币是如何投放出来、如何运转的，有何优势和风险隐患，应该如何管理，等等。

再进一步提问，到底什么是央行数字货币？如果央行数字货币仅仅是替代现金（现钞），属于法定货币的非现金化、数字化，那么，这一动作早就开始了，当今社会货币总量中，流通中现金（M_0）的比重不断降低，大量货币表现为银行存款或电子钱包的余额。那么，银行存款、电子钱包里的钱就不是法定数字货币吗？如果不是，那法定数字货币又有什么特殊含义，与实际流通的法定货币有何不同？必须运用区块链技术点对点运行的才是法定数字货币吗？央行是要推出"数字货币"，还是要推动货币数字化的支付工具或支付方式？

如果不能清晰的区分这些问题并达成一致的看法，只是笼统提出"数字货币"的概念，就必然产生混乱，就可能引发货币体系、宏观政策等诸多方面的严重问题。

二、什么是货币（信用货币）

（一）信用货币因何而来、谁的信用

货币经过数千年的发展，其表现形态不断变化，现在已从实物货币发展成信用货币，甚至从有形货币向无形货币（数字货币）演变。但因为种种原因，货币演化过程中的一些深刻变化并没有被准确认知与把握，对"什么是货币"，特别是"什么是信用货币"，现在理论与实务界几乎没有准确一致的说法，也因此引发诸多新的论断与货币理论，以及花样百出的"数字货币"创新概念，其中很多都严重偏离货币本质，存在严重的认识误导与社会危害，亟须拨乱反正、正本清源！

纵观货币发展史，比较清晰的路线图就是：货币是基于商品交换的需要而产生和发展变化的；货币本质属性与核心功能是价值尺度和交换媒介，基本功能是支付手段与价值储藏；货币从最初的商品实物货币，发展到国家规制化的金属货币，再发展到金属本位制的纸币，进一步发展到完全脱离商品实物的纯粹信用货币，发生了根本性变化（裂变）；信用货币又从有形的纸币与硬币，发展到无形的银行存款或数字货币，货币非现金化、数字化趋势越来越明显。

现在，世界各国的货币基本上都属于信用货币，不再是实物货币。在讨论货币时，依然停留在实物货币阶段，而不针对信用货币，

是脱离实际的、根本不现实的。

那么，为什么货币会从实物货币发展到信用货币？信用货币的"信用"到底是谁的信用？信用货币是如何投放出来的，可能产生什么样的影响，如何有效管控货币？

实际上，随着货币不断发展变化，特别是出现纸币之后，人们越来越清楚地认识到，随着经济社会的发展，货币将越来越重要，功能越来越丰富，其表现形态可能不断变化，但其作为价值尺度的本质定位与核心功能，以及其支付手段、价值储藏的基本功能不会改变。要发挥好货币作为价值尺度的核心功能，最基本的要求就是要保持货币币值的基本（相对）稳定。

要维持货币币值的基本稳定，理论上就必须使一国的货币总量与该国主权范围内、可以用法律保护的、需要货币化（可交易）的社会财富总量相对应。这样，货币必须从社会财富中脱离出来，成为社会财富的价值对应物或表征物，使货币成为纯粹的价值单位或价值符号。相应的，黄金、白银等曾经充当货币的实物，则必须退出货币舞台，回归其社会财富的本源（实践证明，以财富实物作为货币，其实际供应量往往严重偏离社会财富规模变化，很容易引发严重的通货膨胀或通货紧缩，难以保持货币币值的基本稳定）。

这里所谓信用货币的"信用"，不是发行货币的机构（如央行）自身的信用，也不是政府或财政自身的信用，而是整个国家的信用，是建立在整个国家可交换的社会财富基础上的国家信用。是国家将发行和管理货币的权力赋予了货币当局。所以，央行发行货币，并不是央行的债务，央行没有向持币人兑付任何财物的承诺；货币也不是以政府税收作为支撑的，税收只能是政府债务的支撑，也无法支撑整个货币（政府信用只能是对政府债务的支撑，而不可能是对整个货币总量的支撑）。政府接受纳税人以货币缴税，增强了货币的流动性和信誉。

为使一个国家的货币总量与其财富规模保持基本对应，必须将货币的总量控制权收到国家层面统一掌控，并以国家主权和法律进行保护，不能分散到民间组织自行掌控。所以，信用货币也就成为"主权货币"或"法定货币"。"货币的非国家化"难以满足信用货币的要求，不符合货币发展的规律和逻辑。

由于社会财富种类繁多、具体价值的度量与总体价值的准确计算非常不容易，所以，人们进一步设计出一个"社会物价总指数"的概念与体系，从社会财富中挑选出一些与民生密切相关的典型品种，根据其重要程度赋予其价格一定的份额，形成社会物价总指数，进而通过观察物价总指数的变动，近似地反映和控制货币币值的变化。只要社会物价总指数保持基本稳定，就认为货币币值基本稳定。

（二）信用货币如何投放、怎么管理

当货币不再是具体的财富实物时，货币又是如何投放出来的？

如何让人们认可和接受其作为货币？

信用货币的投放主要包括两个渠道。

一是货币当局（央行）通过购买货币储备物投放货币。

货币储备物主要是社会最认可其价值的物品，如黄金、白银等曾经充当货币的贵金属，以及国际上广泛接受的硬通货，如美元等。央行通过购买货币储备物，一方面找到货币价值尺度的基本标准，另一方面也有利于增强人们对货币的信任。由此投放的货币，属于最严格意义上的"**基础货币**"。

但作为信用货币，央行通过购买储备物投放的规模不应当太大，否则，就会冻结太多储备物，造成货币总量与可交易财富无法对应，甚至可能使货币回归金本位制。所以，信用货币还必须开拓出新的投放渠道。

二是通过金融机构发放贷款等间接融资方式派生货币。

在基础货币难以满足社会货币需求的情况下，人们需要货币时，一个重要选择就是融资。这又包括两种方式。

一种是：需要货币（资金）的人（包括法人）直接向拥有资金的人获得借款等债务资金，或者投资类股权资金等，减少资金融出方的货币持有量，相应增加资金融入方的货币持有量。这属于**直接融资**，不会增加全社会的货币总量。

另一种是：拥有多余货币的人，将货币存放在金融机构；需要货币的人，则从金融机构融入资金；金融机构成为社会资金融通的中介，但金融机构在融出资金时，并不对应减少存款人的存款（货币），而是直接增加融入方的存款（货币）。这种融资方式就属于**间接融资**，会相应增加全社会的货币总量。

间接融资投放的货币，属于基础货币之外的"**派生货币**"。"**基础货币＋派生货币**"构成货币总量，货币总量与基础货币相比的倍数即"**货币乘数**"。

在信用货币体系下，间接融资成为货币投放的主要渠道，必然会大幅度提升全社会的负债率或杠杆率，并使得货币投放能够更好地满足社会需求，增强货币总量调控的主动性和能动性，从而形成货币政策，并与财政政策一道，成为当今社会最重要的两大宏观政策工具。

在间接融资方式下，金融机构看似可以无中生有，凭空以贷款或购买债券等方式投放货币，并因此获得利差收益，但这背后是有**基本原理的：借款人是以其现有资产或未来可获得资产作为抵押向金融机构融资获取货币的，要保证到期归还借款本息**。这样，通过借款对社会财富规模进行判断，并相应投放货币，可以使货币总量与财富规模基本对应。

当然，这其中存在一个问题，即如果借款人和投放人对借款人的资产价值高估，造成货币过度投放怎么办？这是一个必须高度关注和有效应对的重大风险！

应对的措施就是，必须确保借款人能够按时足额归还借款本息，即必须确保社会债务的质量。如果借款人资不抵债，就要破产清盘，同时，借出资金的金融机构也要承担由此可能带来的损失甚至破产清盘，由此消除因不良债务投放的货币。

要达到上述效果，需要形成一整套严密有效的管理制度和监管体系，包括中央银行与商业银行相区分，严格控制中央银行直接面向社会，特别是政府提供信用投放，以强化信用投放的财务约束；银行发放贷款等，需要建立科学的质量评价标准和严格的拨备计提标准，以及不良贷款处置办法等，及时暴露与处置不良资产。同时，要强化银行资本充足率、流动性比率、资产不良率、拨备覆盖率等方面的监管；政府和央行既不要干预金融监管贷款等货币投放，也不要一味追求金融稳定而对金融机构过度支持，使其逃避破产清盘风险，变成隐形央行。

三、对数字货币的基本判断

明确了货币的本质属性和根本要求后，就不难对数字货币相关的热点问题得出清晰的判断。

1."货币的非国家化"难以实现

在国家依然存在、主权独立难以消除的情况下，缺乏国家主权和法律保护的财富相对应，试图替代国家主权货币，推动"货币的非国家化"（哈耶克曾极力推动，现在也成为很多致力于创造和炒作去中心"数字货币"的人极其推崇的圣典），违反了货币发展规律，不是进步而是退步，必然是无法落地实现的。

2. "网络加密币"难以成为货币

比照黄金的原理进行设计，严格限定货币总量及阶段性供应量，缺乏国家主权和法律保护的财富相对应的网络加密币（如比特币、以太币等），违背信用货币的基本逻辑，其币值难以保持基本稳定，很容易大起大落，因而很难成为流通货币，只能看作是一种特殊的数字资产，可以被用于投机炒作，或作为网络社区（商圈）专用币，但不可能取代或颠覆国家主权（法定）货币而成为超主权货币！从事这种数字资产的投机炒作，面临的风险也将非常突出！以这种网络加密币为标的开展公开的期货及衍生品交易、资金的公募私募等，必须符合相关金融监管和法律法规。

这类网络加密币过于强调隐私保护，常常难以满足金融监管要求，很容易被用于非法交易，必须严格监控使用法定货币买卖这类加密币的合规性，特别要强调投资人使用法定货币买卖加密币过程中的"原名、原币、原账户进出"的"三原"规则，防止将买卖加密币作为逃汇套汇、转移资产、商业贿赂、恐怖输送等的中介和手段。

3.与某种法定货币等值挂钩难以摆脱"代币"定位

需要明确,在一国只允许流通唯一法定货币的情况下,不代表其不允许一定范围内使用被赋予特殊权利义务的"代币"的存在,比如娱乐场所的"游戏币"、一些单位食堂的饭菜票(卡)、一些商场的购物券(卡)、电子商务平台的积分或"token"等。但这种代币必须在指定的范围内使用,而且只能原币进出,对其转让、赠送也要有所控制,防止其成为商业贿赂、贪污受贿的工具。

即使运用区块链等新的信息技术推出与单一货币等值挂钩的稳定币,无论其表现形态和运行方式有何变化,同样只能是其挂钩货币的"代币",不可能成为真正的货币,不可能取代或颠覆法定货币,必须接受代币的基本监管。

实际上,到目前为止,各种与法定货币等值挂钩的数字代币,除主要用于各种网络加密币的交易外,也并没有发挥出其发行者宣传的那种颠覆性作用,实际应用场景有限,与法定货币相比,并没有表现出什么优势,很多数字代币的寿命并不长。

4.与多种法定货币一篮子挂钩的超主权货币很难成功

由于去中心封闭化的网络加密币以及只与一种法定货币等值挂钩的稳定币,难以成为真正的货币,难以颠覆或取代法定货币,于是有人开始设想以一篮子法定货币作为支撑,既希望获得法定货币的信用（价值）支持，又试图摆脱对单一货币的依赖，推出超国家主权的无国界货币，抢占市场，同时获得颠覆性效果和巨大利益。

需要明确的是，只与单一货币等值挂钩的"稳定币"跟与一篮子货币挂钩的"稳定币"存在根本性不同：**前者是其挂钩货币的"代币"，后者则不再是代币，而完全是一种新的货币。以一篮子货币作为储备的无国界货币，没有独立而严格的监控，将是非常可怕的。**

这种与一篮子货币挂钩的思路可能起源于国际货币基金组织（IMF）的SDR。20世纪60年代末期爆发美元危机时，IMF就设想推出与一篮子货币挂钩的SDR，取代美元作为新的国际中心货币。但由于存在极其复杂的技术挑战并缺乏足够的法律保护，特别是在美国的反对之下，SDR最后只能成为一种使用范围极其狭窄、规模非常有限的政府间特殊储备，难以成为一种真正全球流通的货币。其根本原因就是，这种设想超越了时代发展的阶段：世界仍处于，并将长期处于国家主权独立，需要依靠综合实力与国际影响力赢得国际话语权，包括国际中心货币地位的发展阶段，远没有形成全球统一（地球村）治理的格局和机制。在这种情况下，要推出与主要国家货币一篮子挂钩的超主权货币，并与篮子货币并存，甚至反过来挑战乃至取代最主要国家货币的国际中心货币地位，势必受到最主要国家的坚决反对，是很难真正推出并有效运行的。

近年来，随着网络加密币以及稳定币的不断升温，依靠IMF打造超主权世界货币的热情再次被激发，不少人积极呼吁要利用新的信息科技推出与一篮子货币挂钩的eSDR，并使其成为超主权世界货币。这也激发了更多机构推动超主权货币的热情。

其中，Facebook宣称将联合100余家大型公司作为初始会员单位，成立独立的管理协会，推出与美元、欧元、日元、英镑、新加坡元按比例挂钩的无国界货币——Libra（天秤币），在全球范围内引发巨大轰动效应。很多人认为，依托其协会成员单位超过30亿人的庞大用户群，Libra将成为全世界用户群最大、覆盖面最广、影响力最强的货币，将给法定货币体系和国际金融格局带来颠覆性影响，很多弱小国家的货币可能会被取代。

但实际上，Facebook宣称的Libra"将为十几亿没有银行账户的人服务，让汇款像发短信一样容易和安全"，是一种脱离现实的夸张说法，只有收付款双方都是Libra注册用户且相互之间直接收付Libra才有可能实现。如果汇款人拥有的是非Libra的篮子货币，则需要首先将其所持货币兑换成Libra，然后才能通过Libra体系汇出；如果收款人所在国不能直接使用Libra，收款人还需要将Libra兑换成其所在国家的法定货币。整体看，可能效率和中间费用将完全与宣称的不一样。更重要的是，作为货币，跨境汇款的规模一般都无法与国内支付的规模相比，而在境内直接使用本国货币进行收付，远比使用国际货币更便捷。因此，对于一些致力于打造国际清算体系的机构而言，即使要运行自己的数字货币，可能分别推出与各国货币等值挂钩的"代币"，并主要在该国使用，比直接推出与一篮子货币按比例综合挂钩统一的无国界货币更具可行性。

可见，即使eSDR以及Libra可能在技术和运行方式上有所创新，其本质上与SDR并没有多少不同，不仅其架构设计与实际运行面临非常复杂的难题与风险挑战，本身很难落地运行，而且eSDR和Libra依然缺乏足够的法律保护，并将面临美国的坚决反对，很难成功发行。美联储主席曾说不会对Libra进行监管，这是根本不可能的。实际上美国国会已经在连续召开听证会举行辩论，甚至连欧盟多国央行都表示要严格控制。2019年6月18日Libra白皮书发布时列明的27家初始会员中，在10月15日管理协会成立之前，Paypal、Visa、MasterCard、Ebay等多家支付及电商巨头已经宣布退出，也是有这方面原因的。

必须指出的是，有人认为，当一种货币被纳入Libra货币篮子，会增强这些货币的国际影响力；一篮子货币中以美元为主，就会维持甚至强化美元的霸主地位，就会得到美国的大力支持，这个观点其实是错误的。事实是，如果这种超主权货币真能实现全球流通，势必取代美元的国际中心货币地位，对美国的影响将是极其深刻的。

可以借鉴的是，即使是得到最强势国家坚定支持的欧元，也必须得到欧元区国家的法律认可与保护，并完全取代欧元区原有的国家货币，成为新的唯一的区域货币，欧元不可能与原有国家货币并存、共同运行。同样的道理，与一篮子货币挂钩的超主权货币也很难与其篮子货币并存共同运行。

5. 央行数字货币只能是法定货币的数字化，难以成为新的货币

在网络加密币和稳定币不断升温的过程中，不少国家的中央银行也纷纷宣布要推出其本国央行主导的数字货币或法定数字货币，一些弱小国家，特别是受到美国制裁、缺少国际通货的国家，则更加积极，目的是抢占数字货币的先机。

但问题是，央行（法定）数字货币到底是法定货币的数字化、智能化，还是像比特币、以太币一样是一种全新的网络加密币？

在很长一段时间内并不清晰。实际上，开始时很多国家都是设想比照比特币、以太币那样的网络加密币研发央行（法定）数字货币。

但是，比特币、以太币等网络加密币特别强调"去中心"，这本身就与"央行主导"存在明显的逻辑矛盾和冲突。同时，数字货币没有现金，而现实社会中短时期完全消除现金是不可能的，这就意味着即使能够比照比特币、以太币推出央行数字货币，那也将使得一国央行要长时期保持两套货币体系同时运行，这同样是非常困难与危险的。

因此，尽管2018年委内瑞拉就宣布采用以太坊技术成功发行了全世界第一个由主权国家发行并用石油作为支撑的"加密数字货币"——石油币，一度在世界范围内产生了不小的轰动效应，但实际上并没有起到任何实际的积极作用，一年后，委内瑞拉石油币几乎被世界淡忘！至今还没有出现任何模仿比特币、以太币推出央行

(法定)数字货币的成功案例!

随着比特币、以太币等网络加密币存在问题逐渐暴露,网络加密币更难成为真正的货币(信用货币),比照比特币、以太币等打造央行(法定)数字货币实际上是走上了歧途这一真相得到了广泛认知,很多国家和央行对数字货币的设计已经弱化,有的中央银行已经宣布停止数字货币研究计划。

但是,不能比照比特币、以太币等打造法定数字货币,不代表不能利用信息技术进一步推动法定货币的数字化及其运行的智能化,不断提高运行效率、降低成本、严密监控。法定货币的数字化及其运行的智能化毫无疑问应该大力推动,特别是尽可能减少现金的印制与使用。

当然,央行推出数字货币,其具体使用也需要配套解决好投放与运行方式(一层模式、二层模式)、信息载体(如智能手机、智能卡片等)、清算方式(连线实时清算与离线适时清算)、管理规则(包括账户或钱包分类等级与存款限额、每笔及每日支付限额、备付金的托管等)、监管分工与风险控制等诸多问题,平衡好安全性与便捷性,实现提高效率、降低成本、严密风控的目标。

其中,需要进一步明确的问题是:央行要推出的数字货币,如果是仅仅替代现金 M_0,而不影响 M_1、M_2(实际上是避免存款搬家),那么,是否需要明确数字货币只能用现金兑换,而不能用存款兑换?如果仅仅替代 M_0,其投入产出的实际效果或现实意义到底如何?央行要推出的是"数字货币"(与"电子货币"本质上都是法定货币),还是要推动货币数字化支付工具或结算方式的变革?在坚持"双层模式"运行体系下,商业银行等授权运营机构只是代表央行进行数字现金的兑换与相关信息的转送,数字货币只能是在央行开立账户并进行监管,实现有限匿名管理。这就意味着**数字货币在使用上都要与央行账户绑定,而不再与商业银行存款账户绑定**,那么,商业银行等授权运营机构的积极性如何调动?央行数字货币只是现金的数字化,不会支付利息,相对于银行存款和移动支付钱包,对企业或个人的吸引力到底如何?央行率先推出数字现金,就一定能抢占数字货币的世界领先地位,强化自己在数字货币方面的话语权和影响力,并推动人民币国际化吗?这些问题可能还需要仔细斟酌。

这里,至少可以肯定的是,央行数字货币只能是现有法定货币的数字化,而不可能成为现有法定货币之外的一种新货币。

总之,面对影响极其广泛且深刻的货币金融,我们要充满敬畏与谨慎,即使面对信息技术革命和货币数字化风口,也要保持必要的冷静与克制,要准确把握货币的本质定位与核心功能、本质属性和根本要求。其中,货币的表现形态可以不断变化,但本质定位与核心功能不能改变,金融为实体经济服务的宗旨不能改变;货币形态的改变必须有利于提高其运行效率,降低其运行成本,强化其风险监控。金融监管部门必须准确把握货币金融的本质属性与根本要求，及时准确地进行合理监管，避免"一放就乱、一收就死"的局面发生。偏离这些本质属性与根本要求，急于标新立异、急于抢占"领先"地位，急功近利地推出新的货币概念、货币理论、货币体系、金融创新等，都是难以成功的。

数字货币的会计确认和税收实践

罗 玫

区块链与商业的结合将会改变传统行业的格局。区块链网络上发行和流转的数字货币在与区块链结合的实业生态中担负着多种交易和支付的功能，也可以在传统企业的商业场景中代表真实资产的可以无限拆分的权益。近两年盛行的一种融资方式是当区块链网络中的数字货币还没有真实运行，区块链创业项目通过早期筹资的方式将数字货币提前预售给合格投资人，这些数字货币就代表着这个创业项目区块链网络中加密的数字化权益和价值的证明。个人和企业也在不同场景里持有数字货币。但是针对数字货币的会计制度和税收制度并没有正式提出，而这些制度是区块链促进产业升级发展的基础性设施，是国际国内证券监管机构、税务机构和会计准则制定机构都非常重视的领域。我们分析以比特币为代表的加密数字货

作者系清华大学经济管理学院会计系博士生导师，清华经管数字金融资产研究中心主任。

币的会计确认和计量方法，并介绍美国税务局推出的数字货币拥有者的征税指导。

加密数字货币是存在于不可篡改的分布式账本上的虚拟资产，是拥有者控制的现时经济资源，无疑属于会计报表中的资产。它不具备如厂房、设备那样的实体，不是国家背书的法定货币，也不是和法定货币直接对应的电子货币，价格的波动性非常大，不能随时确定转换为现金的金额，并且不像股票那样具有从其他方收取资产的合同权利，因此数字货币在资产确认上不能被计为"现金"、"现金等价物"，或"金融资产"。公司主体持有数字货币的常见场景为挖矿获得，通过二级市场交易获得短期利益，数字货币投资基金投资所换得的数字货币。根据数字货币持有的目的，数字货币计入财务报表的不同资产类别，在会计期末均需要在财务报表中予以体现。

数字货币的会计确认和计量

一、以长期持有为目的

矿工"挖比特币"的挖矿过程和挖金矿后得到金子这个"奖励"过程很类似，不同的是，比特币矿工没有"挖"这个劳动过程,而是在耗费自己的计算资源计算一个目标值以满足区块链网络自动设定的数学要求,从而得到系统发出的比特币奖励。矿工挖出比特币后得到的比特币,应该记账为借记一个资产类,贷记收入。另外一个商业情景是矿机生产商售卖矿机后得到的数字货币形式的收入。无论是对矿机生产商或矿工来说,比特币或其他种类的数字货币,都是收入的一种酬劳形式,他们会根据经营的现金流健康状况决定是否将持有的数字货币转换为现金,一般情况下以长期持有为主。这样获得的比特币符合"无形资产"的定义,应作为使用寿命不确定的无形资产予以确认,以收到加密货币时的市场价格计入财务报表。

加密数字货币计为无形资产存在以下几方面的缺点。(一)无形资产准则一般假设该资产能用于企业生产经营并能产生未来现金收益,比如制药公司的知识产权或电影公司的版权赋予了使用者开发利用该项资产以获取长期的未来现金收益。但是加密数字货币不具备这项功能,不能够在开发经营中产生未来的现金收益。持有它的目的更像是价值储存,与持有黄金或艺术品类似。(二)资产负债表一般按照流动性的大小来列表,在一年内或一个经营周期内能转化为现金的是流动性资产,在一年以上或比一个经营周期更长的时间内能转化为现金的是非流动性资产,无形资产一般列为非流动性资产类别,是长期资产。但大部分的加密数字货币的流动性非常高,可以随时在交易所处置为现金,在列表位置应该与现金的位置相近。

（三）处置无形资产所得的现金一般计入投资活动现金流入。如果一个公司拥有很多数字货币，它可以随时卖掉数字货币换取现金，现金流的健康状况非常好，但这些现金流入只能反映在投资活动现金流中，不在经营活动现金流，因此经营活动现金流无法衡量一个持有数字货币企业的盈利能力和赚取现金的能力，尤其是依靠挖矿或售卖矿机这些经营活动而获得数字货币的企业。（四）减值应该什么时候进行评估计提是个难点。当市场价格远远低于数字货币的初始成本价格时必须计提减值损失准备，降低利润，但数字货币的价格每天波动幅度都很大，如果只是在报表日反映持有的加密货币累计的减值损失，并不能给报表使用者提供反映数字货币真实价值的完整信息，报表日的后一天这些数字货币价值有可能降低10%，直接影响企业的估值。

尽管加密数字货币计为无形资产有不完善的地方，企业主体以长期持有为目的而持有的数字货币按照无形资产计量最为谨慎。

二、以销售为目的持有数字货币

加密数字资产的二级量化交易公司持有多种币种，拥有数字货币的主要目的是短期销售获利，因此他们的数字货币应该以存货计入报表。存货一般按照成本与可变现净值（即销售价值减去相关处置的销售费用)孰低的原则进行计量。如果市场价格低于成本价,需要做存货减值准备,相应的差额进入利润表的损失,降低当期利润。如果数字货币价格上涨,超过其初始成本,超过的部分不能进入利润。但是商品交易员或经纪人(Commodity Trader or Broker)允许公允价值计量存货,加密数字货币的二级市场资产管理公司代替投资者买卖数字货币,数字货币可以被认为是商品,因此这些被买卖的数字货币可以以公允价值计量为存货,市场价格的变化须随时计入当期的报表利润。

三、以投资为目的持有数字货币

目前大部分私募数字货币基金直接以主流数字货币(BTC或ETH)来募资,然后通过参与区块链项目的一级市场融资来进行投资,以追求投资的高回报率为目的。基金募集后所持的BTC或ETH存放在企业钱包内,还是按照无形资产成本法计量,这种"本位币"科目类似传统股权基金会计科目中的"银行存款"科目。

私募Token基金在一级市场投资区块链项目时会签订投资合约,区块链创业方主网上线后将按一定换算比例发给基金自己网络的数字货币,这些数字货币可以用来购买区块链网络相关的商品或服务(即Utility Token筹资方式),或代表项目方某些资产的一部分权益

（即Security Token筹资方式）。目前私募Token基金得到项目方数字货币后大多会伺机售卖以追求高回报，符合以投资为目的持有这些投资换来的数字货币。如果这些换来的数字货币代表某个主体资产的利益，那么这些持有的数字货币符合金融资产的类别，并按照公允价值计量且其价值变动计入每期的利润。很多区块链项目的数字货币交易不活跃，需要聘用第三方评估机构来对数字货币进行估值。

数字货币的税务实践

区块链行业的健康发展离不开监管制度的设计，美国针对加密数字货币还没有制定相应的正式税收条例，在实践中，税务、法务和会计师根据已有框架提供原则性指引。中国还没有相应的指导，但在实践中的摸索刻不容缓。数字货币的缴税实体主要有售卖数字货币进行融资的区块链项目方（发币方），和拥有数字货币的个人和企业。

区块链项目方融资时有两种售卖数字货币的方式，相应的会计确认和税收处理大不相同。当区块链项目方按照实用型（Utility Token）售卖数字货币来融资，售卖的是以后自己区块链网络上的产品或者服务，融资时获得的比特币或以太坊主流货币应该借计为无形资产，同时贷记递延收入（负债）。当区块链网络上线后，项目方兑现承诺并发放投资者自己的数字货币时，确认收入，递延收入减少。但美国证券管理委员会（SEC）在2018年11月16日发布关于数字资产证券的发行和交易公告，严正声明数字资产发行应严格判断是否按照证券法进行登记和发行，惩罚一些原来没有按照证券法进行登记和发行的区块链项目公司。很多以前按照实用型发行数字货币的公司会自查或被审核是否应该按照证券法进行登记和发行。在遵循证券发行的框架体系下，区块链项目方按照证券型（Security Token）售卖数字货币融资，募集的比特币或以太坊货币应该被借计为无形资产，同时有可能贷记数字资产"权益"，尽管会计准则没有明确售卖的Security Token是否符合准则中"权益"的定义。

　　实用型和证券型发行数字货币筹得的融资款会计处理不同，造成的缴税负担则完全不同。在现有税法框架2014年下发的IRS2014-21指引下，比特币为代表的虚拟货币（Virtual Currency）按照财产（Property）的税法来进行缴税。区块链项目方如果按照实用型发行数字货币，融资时获得的比特币、以太坊或现金形式的融资款需要缴税，尽管还没有提供区块链网络上的产品或服务。很多项目方为了避税，将收取融资款的实体建在了税收优惠的地区。如果按照证券型售卖数字货币融资进行登记和发行数字货币，收到的融资款在会计准则中可能被计入权益，那么就无需缴税。由于美国现行的数字货币的证券法发行方法还没有完善，相应的会计处理也没有权威指导，规则制度的落后使得部分项目方即使谨慎遵循证券法发行数字货币，募集的虚拟货币资产也可能需要缴税，企业不堪成本负荷，对区块链实践创新造成极大阻碍。

美国数字货币个人缴税义务按照2014年IRS发布的21号指引，但很多问题没有解答，国税局2019年更新为2014-24。指引针对持有数字货币的常见交易如何确认收益和损失、如何进行缴税进行了规定。持有数字货币为资本性资产（Capital Assets）的个人在高于获得数字货币的成本价卖出时，或用数字货币支付购买其他商品时，需要将售卖价格或购买其他商品的价格与获得数字货币时的成本差距缴纳资本利得税。而收到数字货币的卖方，或者"挖"数字货币的矿工应该按照收到数字货币时的公允价值计入应税收入。如果虚拟货币用于支付员工工资，雇主需进行申报，员工按照工资收入正常缴税。当数字货币进行了硬分叉，即原有的区块链网络新增出完全不同的区块链网络，如果原有的持有者获得新分叉出的币，应按照收到的新币市场价值确认应税收入。同样税收原则也适用于区块链项目方在社区活动中给个人发的免费空投币"Airdrop"，个人需要缴纳个人所得税。当数字货币进行了软分叉，即没有新增区块链网络，原有的持有者也就没有新获得收益，不用缴税。确认缴税收益的难点在于很多数字货币没有进行公开交易，公允价值无法计量，很多企业采用估计的方式，而估计模型非常简陋。

小 结

　　加密数字货币是新时代新技术下的产物，它所依托存在的不可随意篡改的分布式账本是一个新的组织形式，而现阶段的美国实践依赖现有的会计准则框架和税收框架去寻找合适的会计计量和缴税方法，以及财务报告列表位置。但是在具体实施准则时存在大量的主观判断，这些模糊情形下的会计确认、计量以及缴税都会影响报表的呈现和信息传递。随着区块链行业的实践不断更新，我国建立新的财务报告规范，税收规范以及加密数字货币的证券规范，同时融合更新，建立相互匹配的框架系统，才能加大促进区块链的技术实业创新、建立区块链助力实体经济的世界领先地位。

数字货币期货期权市场

王茵田　陈　埝　赵　伟

　　数字资产衍生品市场的功能在于稳定市场，对冲风险，以及充分披露数字资产价值。全球数字资产衍生品市场在近几年迅速发展，第三方研究机构TokenInsight的调查显示，2019年被认为是数字资产衍生品爆发元年，全年数字资产期货交易量超过3万亿美元，日均交易量超过85亿美元。数字资产已经成为不可或缺，不能忽视的市场。本报告着重分析数字资产（以比特币为主）期货以及期权市场的特点，研究方向和发展前景。

王茵田，清华大学经济管理学院金融系副教授、清华经管数字金融资产研究中心核心研究人员。

陈埝，TokenInsight创始合伙人。

赵伟，TokenInsight研究主管。

一、期货市场

数字资产期货合约自2015年9月开始，发展至今陆续已有上百家期货交易所，26家大中型活跃平台，交易着36种数字资产。据TokenInsight统计，2019年全年期货交易量超过3万亿美元，日均期货交易量约为85亿美元。目前数字资产期货市场具有规模增长迅速、产品集中度高以及高风险高手续费等特点。

第一，规模增长迅速。2017年12月芝加哥商品交易所（CME）和芝加哥期权交易所（CBOE）推出了标准化的比特币期货合约。自此比特币期货合约的交易量每年增长100%以上。2019下半年期货合约交易量约为上半年的两倍，目前CME的比特币期货每日交易量已超过200亿美元。

第二，产品集中度高。一方面三大期货交易所BitMEX、OKEx和Huobi DM交易量之和占全市场的85%。另一方面，高集中度同样体现在标的资产上，主流的33种数字资产均有可交易衍生品合约，但比特币合约交易量长期占所有数字资产交易市场的60%以上。

第三，可用杠杆和投资者风险意识不对称。数字资产衍生品交易7×24小时开放，且不设涨跌幅限制，无熔断机制。数字资产投资本身已属于高风险行为，而其衍生品交易带有的高杠杆属性更是成倍提高了对投资者抗风险能力的要求。例如，沪深300股指期货交易的可能杠杆最大为10倍，交易者需要进行培训并通过考试才可进行交易。而数字资产衍生品的最大杠杆为125倍,仅在用户首次登陆时,相关交易平台以弹窗的方式进行简单的风险提示,用户在确认后即可开始交易。这种不匹配在传统股权或衍生品交易行业难以想象。

随着数字资产交易市场的迅速发展,开始对其关注的研究机构也越来越多。数字资产具有两个典型特性:缺乏一个普遍被接受的估值模型以及同一资产无法在多个交易场所进行交易,使实证研究成为这个领域的主流研究方法。最受学术界和实务界关心的三个问题是:首先,哪个市场,是现货市场还是期货市场,能够主导数字资产的价格发现过程?其次,价格发现的决定因素是什么?最后,期货的引入对现货市场的价格,波动率以及效率的影响如何?

整理现有实证数据可以发现,在活跃期货交易平台上,期货市场交易量已全面超过现货市场交易量。例如,**OKEx**和**Huobi**的期货交易量都达到现货交易量的两倍以上。研究发现,从2019年下半年开始,期货市场相对现货市场更具有信息优势,期货的价格渐渐引领现货价格。期货市场的本质功能,即价格发现的功能逐步体现出来。并且,无论是期货市场还是现货市场,交易成本越低,流动性越好,不确定性越小,该市场的信息交互就越充分,价格发现功能就越强大。

另外,区别于传统证券,影响数字价格的主要因素是国家监管政策、技术能力和黑客的信息以及市场情绪。

期货价格与现货价格有显著的同步,在考虑交易费用的条件下,期货市场为投资者提供了风险对冲功能。做空渠道的引入也促成了2018年比特币价格泡沫的破灭和价值回归。应该说比特币期货的推出逐渐提升了比特币现货市场有效性。但对于提升的程度依然存在争议。目前达成共识的是以比特币为代表的数字资产市场基本达到弱有效,技术分析已不再具有显著的预测能力。

二、期权市场

1.期权市场发展现状

在数字资产领域,目前期权市场发展仍处于早期阶段。主要有如下特点。

第一,基础资产种类数量有限,基础资产参考价格不统一。目前在数字资产期权市场中,提供交易的底层资产基本围绕着比特币进行。部分平台也提供以太坊的期权产品,但相较于传统的期权市场来说,数字资产期权的底层资产依然十分单一,95%以上的交易量围绕着比特币本身进行。一方面是因为比特币在数字资产市场规模中占比63.7%(2020年3月5日数据),处于主导地位。另一方面比特币以外的数字货币市值低,容易被市场操控,波动更大,基于此类资产开发期权产品的难度更大。

即便以比特币为基础资产的期权，在不同的交易平台也有不同的参考价格。大部分平台通常是采用4~10家数字资产交易所资产价格的加权平均。这些基础资产的"指数价格"有一致性，但缺少统一标准。

第二，期权交易平台数量有限，不合规平台在创新和交易量上占主导。数字资产现货以及期货市场发展迅速的重要原因之一在于平台的数量较多。但是在期权领域，期权交易系统的复杂性、风险控制能力以及其他方面的技术和金融知识要求较高，开发成本也较大，因而目前这样的平台数量较少。根据TokenInsight统计，目前提供数字资产期权交易的平台有8家。这些平台可以分成两类，一类是以CME,Bakkt,LadgerX为代表的，受到监管的传统衍生品交易机构。另外一类是以Deribit,FTX等交易所为代表的随着数字资产兴起新开设的交易平台。两类的区别十分明显。前一类传统或受监管的机构，普遍会参照传统的期权产品设计数字资产期权产品，产品更加规范统一，并且在传统的金融监管框架下运行。而后者的产品自由度则更高，产品创新的幅度更加突出，因而也能够吸引到更多的用户，拥有更多的交易量。例如Deribit交易量市场占比超过86%（2020年3月5日数据），处于绝对领先的地位。但众多新兴的平台在费率、指数价格、期限、每张期权合约大小、发行人要求等方面并没有统一标准。

第三，期权市场有较高的对手风险。数字资产市场投机性强，价格波动大。投资者有很强的同质性，追涨杀跌。这些特点传导到期权市场上，投资者们往往在同一时间购买看涨期权或出售看跌期权。因而，数字资产期权市场的卖方多为交易所自身或其锚定做市商。由于数字资产市场的交易费用高，卖空成本高以及流动性弱等特点，做市商或者交易所并不能完全对冲头寸风险，不得不暴露在市场风险中，尤其在市场剧烈震荡时。因此对投机者而言，做市商或者交易所潜在的违约风险或者对手风险不可忽视。对手风险的存在导致目前期权市场缺少机构投资者，交易量较低。对比比特币期货的日交易量120亿~300亿美元，目前全市场比特币期权每日交易量约在0.5亿~1.8亿美元（2020年3月5日数据）。

第四，期权合约创新性高。逐利动机和监管的缺少会刺激创新。例如FTX交易所推出波动率合约（MOVE），本质上是一个看涨期权和一个看跌期权结合的跨式组合（Straddle），允许交易者对于一天之内价格的振幅进行交易。FTX还推出大选系列合约President-2020，允许投资者对2020年美国总统大选结果进行对赌。

一方面，目前的数字资产市场监管体系较弱。而且不同的地区或国家对于数字资产的态度存在显著差异，给监管增加额外的难度。而目前新兴平台上交易的期权产品更是处于无监管之地。这些新兴平台推出创新产品的难度和成本相对较小，成为衍生产品创新的试验场。另一方面，对于交易平台来说，用户的数量和质量标志着其盈利能力和发展潜力。交易平台有动力通过创新产品来吸引存量用户延伸到衍生品的平台交易，同时吸引来自其他平台的用户。

2. 数字资产期权研究重点

目前数字资产期权领域的研究较少。传统期权研究的一个主要方向是逐渐真实化模型假设，从而实现准确定价。在一个不完全市场上，由于存在随机波动率，跳跃，卖空限制，无风险套利的交易成本等因素，导致期权不能被完美复制，做市商难以实现风险对冲。不完全市场因此导致两个后果。

其一，做市商为了提供流动性，要求更高的风险补偿。期权更像普通证券，其价格不再由"无套利"假设下的定价公式决定，价格会随着供给的增加而上升（上升的供给曲线）。因而，采用无套利模型定价不再是衍生品领域研究的重点。

其二，不完全市场致使期权相对于基础资产不再冗余。在传统衍生品的研究中，完全市场下期权是"冗余"的，相对基础资产市场，完全市场下的期权不提供新的信息。例如，市场对资产收益率的预期不会影响期权价格。但是，当市场远远达不到"完全"时，关于基础资产的各种信息则会反映在期权价格中。而且，期权市场的高杠杆会吸引越来越多带着信息的投资者进入，使得期权市场的信息量增高。对基础资产市场上的信息形成有效的补充。

所以近年来无论实务界还是学术界，研究重点转向了如何提取期权市场信息并对基础资产进行预测。

目前针对基础资产的研究发现数字资产现货市场弱有效，与石油、黄金，和其他大宗商品之间的联动关系微弱，也不具有黄金属性，避险功能不突出。所以，采用技术分析直接预测数字资产收益收效甚微。但考虑到数字资产相较于传统股票市场，其不完全度很高，表现为暴涨暴跌（存在随机波动率和波动率跳跃），期货市场交易费高（卖空成本高），市场流动性差（高手续费），以及存在政府的资本管控（套利成本很高）。这意味着期权市场的有效信息量可能更大。所以业界主要研究效应转向采用期权市场指标，如隐含波动率的期限结构预测市场情绪，或者用看涨和看跌期权的交易量（或持仓量）对比预测基础资产价格走势等。

另外，从学术研究角度看，数字资产市场的一大特征是同一资产在多家交易平台进行交易。不同平台的流动性和信用水平对资产价格会产生不同影响，从而为平台的对手风险和流动性风险定价提供数据和支持。而这是传统股票和股票衍生品市场缺少的特征。目前全球有几家数字资产评级公司涉及这一方向（TokenInsight 和 Cryptobrifing），充分挖掘这一特征可以弥补传统资产定价研究的空白。

三 数字资产衍生品市场趋势

1. 数字资产衍生品市场短期趋势

根据近几年数字资产市场的发展速度和态势，我们可以预见短期内数字资产衍生品市场发展特点如下。第一，市值较小的一类数字资产继续被淘汰，资本更加集中在主流资产。第二，由于市场下行现货市场环境冷清加之期货作为金融工具的价值逐渐完善，2020年数字资产期货会快速发展，日交易量有望追赶现货交易量。第三，随着数字资产衍生品市场逐渐成熟，体系趋于完善。目前较高的交易费率逐渐降低，吸引更多机构投资者的青睐。第四，数字资产期权会缓慢发展，美式期权将是衍生品行业的下一块拼图。

和传统衍生产品一样，数字资产的期货和期权市场需要监管以保护买卖双方和其他参与者免受欺诈、市场操纵、滥用行为，以及系统性风险的影响。2019年12月初，美国证券交易委员会（SEC）批准了第一支以比特币或其衍生品合约为投资标的的基金，这表明政策制定者并不排斥衍生品。但为了维护投资者利益，该基金只能投资合规交易所如芝加哥商品交易所（CME）。所以交易所合规是机构投资者入场的重要前提。可以预见未来更多交易所发展合规之路，将被纳入监管范围。

2.数字资产衍生品市场长期发展

尽管监管部门针对传统交易所的法规能够在一定程度上降低数字资产交易所监守自盗的风险,但长远来看,去中心化的智能合约是摆脱交易所道德风险,以及降低黑客行窃动机的有效手段。

目前,数字资产通常狭义地被视为财富贮藏工具和支付手段。但软件开发人员正在使用区块链的底层平台(以太坊)编写智能合约,打造数字资产金融交易的基础设施。这些利用智能合约(或智能合约的组合)构建的程序在区块链上运行,通常被称为"去中心化应用程序(DApp)"。智能合约具有不能被逆转、被篡改或损坏,不依赖第三方信任中介的特点。

虽然利用软件技术改善金融交易和相关服务不是什么新鲜事,但在区块链上执行的基于数字资产的智能合约目前尚在起步。长期来看,智能期货和智能期权合约是迫切又可行的。首先,因为期货(期权)协议高度标准化,智能期货(期权)合约的所有条款(质量、数量、交割)都可以预先编程。而且不要求交易所或中央对手进行交易、清算和结算。这些活动被嵌入合约代码中,条件触发时自动执行。第二,监管部门要求遵守的核心原则可以作为期货(期权)协议的一部分。例如,操纵市场的大额订单可以通过在区块链上编程来防止。第三,运行智能合约的去中心化交易所建立在区块链之上,可以有效提高平台层面的安全性。攻击者想要入侵去中心化交易所，需要获取超过一半节点的控制权，这意味着资产被盗的可能极低。第四，基于区块链的智能期货（期权）市场可以实现全球一体化，不被客户、产品或不同的国家监管制度分割。另外，基于区块链的技术还可以将期货市场连接到其他基于区块链的市场从而实现创新。

虽然智能合约全面落地还尚需时日，但这种自动化的、去中介的和安全的交易一定是大趋势，这是由区块链的本质与行业痛点决定的。

人民币数字稳定币的展望

罗 玫 杨 光 龙 凡

区块链技术给未来商业逻辑、全球支付体系和信息基础设施建设的变革带来无限的可能性,从国家战略布局角度,区块链核心技术的快速发展和在关键领域的落地应用对国家经济发展与金融体系安全提出了新的挑战,也带来了领先全球化数字货币竞争的新机遇。在当前数字经济生态快速发展的背景下,大型私人机构和各国政府竞相研究以本国法定货币为信用背书的数字货币。我国和部分国家央行一直注重研究开发价值一对一锚定本国法币的数字货币,这些由国家主权背书并发行的数字货币称为法定数字货币。而私人公司如脸书(Facebook)正在设计发行的基于几个主要国家法定货币和对标一篮子货币的数字货币Libra,力图在庞大的用户网络中使用这

罗玫,清华大学经济管理学院会计系博士生导师、清华经管数字金融资产研究中心主任。
杨光,Conflux研究总监。
龙凡,加拿大多伦多计算机科学教授、清华经管数字金融资产研究中心特邀研究员、Conflux创始人。

些私人发行的能在全球流通的数字货币,并希望通过设计的区块链平台能够承载由不同实体发行的数字货币,私人机构发行的数字货币(如Libra)被称为私人数字货币。由于脸书公司召集了多个用户量大的公司组成联盟一起制定规则和发行数字货币Libra,及与美元等货币对标的稳定币。如果网络中所有用户使用这些数字货币,将强化在其背后的美元势力,挑战各国主权货币,更可能在不久的将来,强势取代落后国家的主权货币。

数字支付手段的竞争格局不仅存在于国际商贸流通中,也拓展到了区块链网络上的数字商业生态。花旗银行发行了基于区块链的稳定币,在其商业帝国合作伙伴之间流通。金砖五国也在加速研究基于区块链技术在成员国之间流通支付的单一数字货币。自2017年以来,以比特币为代表的众多加密数字货币(Cryptocurrency)交易量不断走高,与主流法定货币的兑换价格也快速攀升,且波动剧烈,尤其是比特币,逐渐获得了传统金融领域的大量关注,成为一种新型投资产品。但比特币价格的剧烈波动使人们怀疑它作为大规模使用的支付货币的潜力,比特币网络吞吐量低、确认慢等缺点也被广为诟病,难以作为基础锚定货币成为大规模市场交易的媒介,微软和Steam游戏平台等公司率先接受比特币支付的商家都曾数度暂停和重启比特币支付通道,而关闭的直接原因是比特币价格在短时间内发生了剧烈变化,使用户支付的矿工手续费和游戏费用大大增加。新数字金融时代,开发全球流通的数字货币进行跨境结算、国际支付和获取全球用户已经成为全球范围内（尤其是美国、欧洲各国）支付领域的竞争焦点。

"稳定币"来自"Stablecoin"，是锚定某种价值稳定资产的加密数字货币，主要锚定法币、黄金等价值稳定、信用良好的等价物。很多主流稳定币锚定法定货币价值，做为法定货币的替代品在区块链上流转和交易。区块链账本与银行账本没有打通，在区块链上使用以现金或银行存款等形式存在的法币并不方便，构建基于区块链技术的稳定币便应运而生。与银行账户的法定货币存款相比，稳定币被记录在区块链账本上，是基于区块链网络的数字商业生态中必不可少的基础锚定货币，可与其他价格波动巨大的数字资产进行自由兑换和交易。目前大多稳定币在区块链上由私人机构发行，与美元保持锚定，相当于在区块链上使用的美元替代品。稳定币可以随区块链一起通过互联网覆盖全球用户，无须经过"环球银行间金融电讯协会（SWIFT）"和"纽约清算所银行同业支付系统（CHIPS）"，也不受国家边界和金融基础设施制约。凭借着使用体验和成本上的优势，稳定币一诞生便迅速受到了全球数字资产用户的青睐。我们以下总结稳定币的现状并展望人民币数字稳定币的可能性。

（一）稳定币的现状

自2014年Tether公司发行第一个美元稳定币USDT以来，稳定币随着区块链技术的普及迅速发展，截至2020年5月总市值已高达60亿美元以上，单日流通量接近600亿美元。除了总市值的快速增长，稳定币的种类也不断增加，截至2020年第一季度末，市场中流通的稳定币至少有60种，包括Libra在内仍在开发阶段的稳定币项目至少有两百种。市场上种类繁多的稳定币同质化竞争严重，稳定币锚定的资产有美元、黄金、特别提款权（SDR）等，价格稳定机制主要有中心化抵押、去中心化抵押、以及无抵押算法调节三种类型，而稳定币的发行和流通的平台主要有公有链和联盟链两类。

目前市场上交易的绝大部分稳定币价格都锚定美元，仅USDT美元稳定币就占据了所有稳定币总市场份额的80%以上，交易量超过所有稳定币总交易量的95%，余下的市场份额中被USDC和Dai等美元稳定币瓜分。除了美元稳定币，市场上还有锚定其他各种主流货币的稳定币，包括欧元稳定币EURS、特别提款权稳定币Saga、菲律宾比索稳定币PHP Bitspark、甚至离岸人民币稳定币CNHT（由一家比利时银行提供托管服务）和黄金稳定币Digix Gold Tokens（锚定黄金）等。除了锚定单一法币，有的稳定币试图锚定一篮子货币的价格，如脸书公司主导的天秤币（Libra）。

1. 三类稳定币的价格稳定机制

中心化稳定币：稳定币的价值由中心化的发行机构抵押相应的资产（通常为对应的法币）来实现，可以理解为法定货币或实物资产在区块链上的映射。发行机构负责维护稳定币的价格，管理抵押的资产，并提供必要的兑换服务。中心化稳定币的价格机制独立于区块链存在，无须采用任何新技术，按照传统银行的运作方式即可。凭借较低的技术门槛和最接近传统金融的运营模式，中心化稳定币的开发周期和成本都低，在稳定币发展的早期具有很大优势。目前市场上流通的绝大多数稳定币都属于中心化稳定币，如占据最大市场份额的USDT。Tether公司应该维持100%的准备金率，即所有发行的USDT都有在银行托管的资产。当前的Tether已经开始做资产错配的业务，进入了类银行的范畴，却没有受到相应的监管。法规滞后和监管缺位是中心化稳定币发展的最大障碍。但脸书正在为即将发行的锚定多国法定货币和锚定一篮子货币价格的Libra尽量建设强大的合规性框架体系，可缓解监管和商业阻力，取代不合规的稳定币将指日可待。它们本质上也属于中心化稳定币，与USDT的区别主要是货币的发行和管理由多家机构组成的联盟控制。

去中心化稳定币：这类稳定币的价值由加密资产支持，通过运行在区块链上的智能合约发行，并由智能合约自动稳定价格以避免受到加密资产价格变化的影响。用户在合约中抵押加密资产即可获得新发行的稳定币，也可以退回稳定币赎回抵押的加密资产。在加密资产价格下跌碰触"警戒线"时，合约会出售抵押资产回收并销毁部分稳定币存量来维持稳定币的价格。去中心化稳定币最大的优势是透明性，它的发行规则由智能合约代码控制，发行量和抵押资产在区块链上公开透明，而且抵押的资产托管在合约里，通过合约代码可以确保即使是项目的开发者和运营方也无法挪用抵押资产。去中心化稳定币将管理权交给公开的智能合约，有效地解决了中心化管理导致抵押资产不透明的问题，消除稳定币发行方舞弊的风险，获得用户的信任。

去中心化稳定币的缺陷主要是智能合约无法控制区块链以外的资产，所以去中心化稳定币只能接受链上的加密资产作为抵押，发行量非常有限，难以满足大规模经济活动的需求。最具代表性的去中心化稳定币是2017年底正式运营的Dai，任何人都可以通过以太坊上的MakerDAO合约发行和销毁Dai。发行Dai时需要提供超额的加密资产作为抵押物。当抵押物的价值降低到一个"警戒线"时，Maker合约将出售抵押物从市场上回收Dai，以此来稳定Dai的价格。

无抵押稳定币：这类稳定币没有任何资产支持，依靠一套复杂的算法自动控制供给的弹性，因而又称为"算法稳定币"。它们与央行发行法币的机制有相似性，不同之处在于算法稳定币的供应量是由算法或基于股东投票的分散治理模型来控制的，而且算法稳定币也缺乏央行那样强大的信用背书。现有的算法稳定币不够成熟，自动控制供给的算法数学模型还不完善，因此在稳定价格方面的表现并不理想，在市场上也远不如有抵押的稳定币受欢迎。

2. 两种稳定币发行和流通的平台

稳定币发行和流通的平台主要有公有区块链平台和联盟链平台两类。绝大多数稳定币在公有区块链平台上发行和流通，少数如 Libra 的稳定币选择联盟链平台。在私有区块链平台发行稳定币没有意义，无法取得全球区块链网络用户的信任，而且私有账本与现有的银行和第三方支付公司的私有数据库差别不大。公有链和联盟链两种平台上发行的稳定币代表了截然不同的稳定币的信用来源。去中心化的公有链平台具有公开透明、不可篡改的性质，可以减少稳定币运营中不透明的"人治"环节，以此提高可信度。联盟链平台则是直接以联盟成员的信用作为背书，以"自上而下"的方式建立信任，更接近传统中心化金融领域的信任环境。

公有区块链平台：稳定币可以和公有区块链平台上其它各种加密资产进行交换和互动，能够直接满足加密数字经济活动中对于基础锚定货币的刚性需求。稳定币在流通环节运行的平台不受任何个人或组织控制，继承了加密货币账本不被篡改、被审查的优点，具有很强的流动性和安全性。现有的公有链上发行稳定币的主要技术瓶颈是性能过低，过低的吞吐量和较长的等待时间不仅影响用户的体验，更会直接威胁到整个系统的安全性。如 2020 年 3 月 12 日以太坊受加密资产价格暴跌的影响出现了严重的拥堵，用户无法正常调用以太坊平台上运行的智能合约，直接导致稳定币 Dai 的价格稳定机制失灵并给用户造成近千万美元的损失。未来稳定币的部署平台应该是性能更加强大的下一代公有区块链平台。

联盟链平台：联盟链的原理和架构更接近传统的分布式系统，技术门槛不高且性能优越，作为承载稳定币平台的使用体验显著优于现有的大部分公有链。但是联盟链上的稳定币在发行和流通两个环节都受到联盟控制，联盟成员可以审查甚至撤销交易，因而联盟链稳定币的信用高度依赖于联盟成员的信誉和可信第三方的监督。联盟链的生态相对公有链更为封闭，仅限于联盟统一认可的支付环境和商业生态，从根本上限制了联盟链稳定币的使用范围。

（二）人民币稳定币的展望

1. 人民币稳定币推出的背景

目前，中国和欧盟在内的很多国家的中央银行正在研究本国央行数字货币（Central Bank Digital Currencies，CBDC）。央行数字货币以"自上而下"的方式建立信任，直接由央行背书，在法偿性方面具有得天独厚的优势，信用监管和合规相比现有市场上私人机构发行的稳定币更有绝对优势。然而即便是CBDC也难以彻底取代公有链稳定币的地位，因为是中央集权主权货币，无法直接在去中心化的全球区块链网络上发行，无法直接参与公有链生态的经济活动。

比如，用CBDC购买公有链上的智能合约提供的保险，在付款和理赔时都需要在公有链账本和CBDC账本实时进行，如果CBDC和公有链没有打通，付款和理赔时的结算无法在线上进行，就需链下存在可信的第三方，结果必然会削弱使用公有链账本的意义。CBDC的发行和流通还需对现有金融基础设施进行深度改革，需比普通稳定币发行更为谨慎，开发周期更长。目前世界主要国家的央行数字货币项目大多处于研究和推进阶段，正式发行的仅突尼斯、塞内加尔、马绍尔群岛、委内瑞拉等少数国家。

虽然美国对数字化的美元法币刚刚启动研究，脸书公司拟推出的美元稳定币很可能将成为发行在区块链网络上的数字化的美元。目前，全球用户对最流行的USDT数字稳定币的美元抵押资产不透明、审计机制不公开的操作非常担忧，用户信任度不高，但由于没有更好的替代品，用户只能选择它。如果脸书公司推出锚定符合监管的稳定币，势必取代USDT在区块链世界的数字货币支付地位。中国用户对区块链上的稳定币需求长期客观存在，但限于监管和合规方面的要求，人民币稳定币在市场上至今仍是一片空白，仅有一些象征性的离岸人民币稳定币（如发行量仅2000多万元的CNHT）。USDT目前成为中国数字资产用户市场中的最大稳定币赢家，并且，美元数字稳定币的使用渠道已经不局限于区块链网络，开始进入链下国际贸易场景。据Coindesk报道，中俄边境贸易商每日购买美元数字稳定币USDT的金额达3000万美元，严重影响我国的外汇监管。

2.人民币稳定币和央行数字货币并存

要在数字经济时代占领全球数字支付领域的领先地位，亟须探索在数字支付时代颠覆美元霸权主导地位的可行性。央行正在推进的人民币数字货币（DCEP）锚定人民币价格，意图部分取代现有纸币、电子账户货币，提升金融效率，进一步为货币政策实施提供新的可能性。DCEP无意成为区块链上交易的媒介，但中国DCEP做为数字化法币的先行开拓者，（可以在国际上首创以央行的法定数字货币DCEP为主干、基于我国自主研发设计的区块链并以人民币数字稳定币为辅的巨大数字商业支付网络。）区块链上流通和流转的人民币数字稳定币可以以央行数字货币做为抵押发行在区块链网络上，它既可以促成政府体系与市场体系联盟，还可以构成区块链下实物交易与链上商业生态的交易媒介，不仅可以使人民币快速渗透到以区块链为基础的各种商业生态，还可以通过区块链上资产与全球链下实物交易渗透到全球贸易中。央行的DCEP具有最高安全性的基础功能，继承现在的支付生态中纸币的地位，而人民币稳定币可以发行在我国设计推行的技术上自主可靠的公有区块链平台上，提供灵活多样化服务的同时符合严格的监管框架。

随着全球区块链核心技术的快速发展和在关键领域的落地应用，区块链和实体经济的深度融合和创新生态的发展会越来越丰富，大量资本和人力会投入在基于区块链技术的全新数字经济模式，以及区块链在各个领域的产业应用，区块链平台上流通的基础计价锚定货币的需求将会愈发旺盛。建设以人民币数字货币为锚定计价基础的区块链生态应用，掌握区块链网络上的数字经济、用户流量、商业生态的定价权刻不容缓。发行在全球联通的我国自主研发的区块链上的人民币稳定币将主要用于自由兑换和交易全球区块链网络上的其它数字资产，并且以人民币稳定币计价的区块链上数字资产与全球链下实物交易会渗透到全球贸易中。在数字支付竞争激烈的新经济时代，发行在国产自主可控的区块链公链平台上、符合金融监管和安全合规的人民币稳定币能保障国际区块链网络上的基础定价权和发行标准制定权，有助于落实建立我国数字货币在全球数字货币支付领域的领先地位。

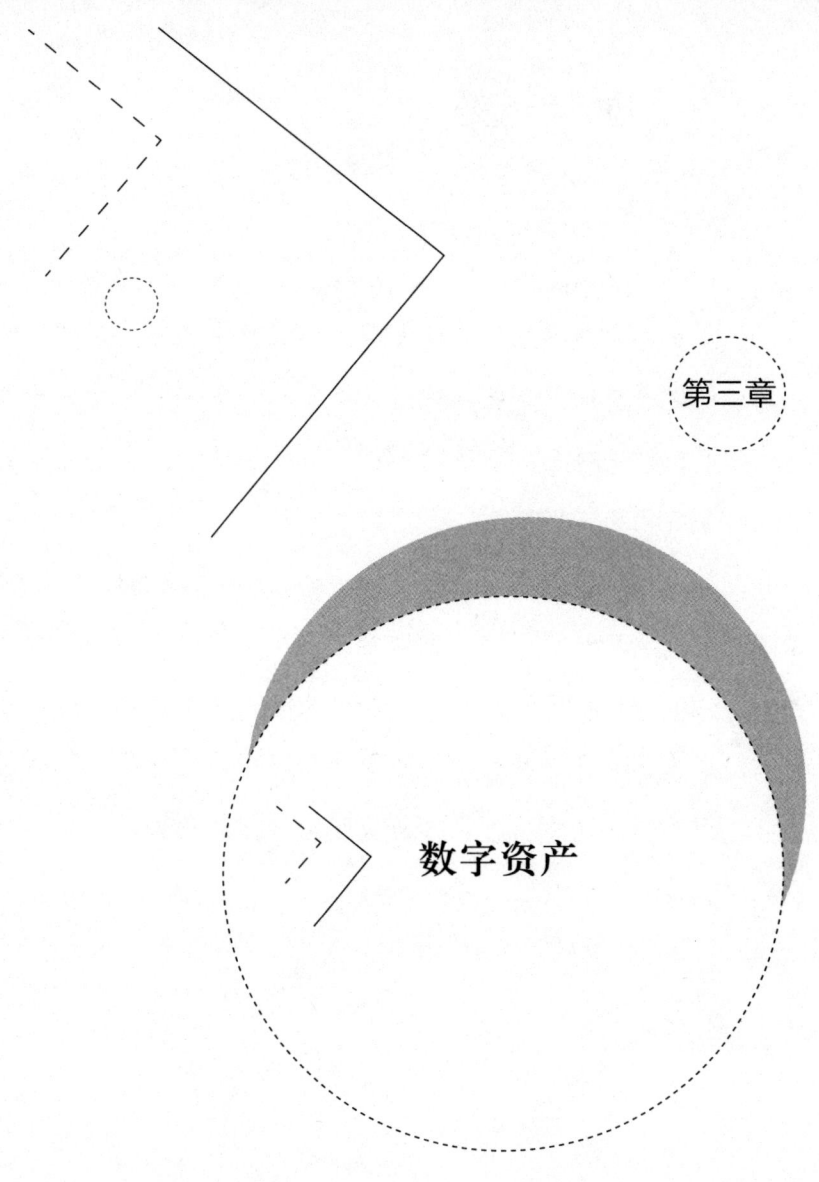

第三章

数字资产

数据生态：原则与趋势 / 杜　宁　徐　葳
数字版权保护的变革与挑战 / 徐　恪
数据有价 / 张家林
区块链赋能小微企业融资的三种方式 / 钟松然　万滢霖　徐德婧

数据生态：原则与趋势

杜 宁 徐 葳

生态是在自然界的一定空间内，生物与其环境之间的关系总和。数据生态是在一定时期内，数据和其相关的治理制度、技术标准、产品应用等各方面关系的总和。党的十九届四中全会首次将数据列为生产要素，为我国加快发展数字经济、建设数据强国吹响了新的号角。然而，当下关于我国应建设什么样的数据生态，如何建设数据生态，有些认识还待厘清，本文拟从数据生态建设的原则和趋势谈起，为深化相关讨论、推动相关实践提供参考。

杜宁，中国互联网金融协会金融科技专委会副主任委员、中关村金融科技产业发展联盟副理事长、华控清交公司总裁。

徐葳，清华大学交叉信息研究院副教授、清华经管数字金融资产研究中心副主任。

一、我国数据生态的现状

当前,世界各主要国家都在积极布局大数据发展战略,全球海量数据资源也一直保持高速增长,据Statista统计和预测,2020年全球数据总量有望在2017年26ZB的基础上再翻一番,达到50.5ZB[①]。我国作为人口大国,信息化发展速度快,数据产生能力位于世界前列,近年来数据资源总量年均增速超过50%,预计2020年将占全球数据总量约21%,成为世界上数据量最大、数据类型最丰富的国家之一[②],这为我国加快推进大数据发展战略提供了坚实的基础。

然而,在我国数据总量呈爆发式增长的同时,数据价值挖掘能力却一直在低位盘旋。一方面,有报告表明,当前企业数据由于技术与流动性问题,只有10%的数据得到分析[③],大量数据"石油"躺在数据仓库里等待开采。另一方面,由于数据本身的特性,即一旦共享便暴露了数据本身包含的信息而且无法控制使用,导致目前市场上广泛存在私自留存、复制甚至非法倒卖数据的现象,数据暴露个人隐私、泄露商业秘密等安全问题日益突出。可以说,我国当前的数据生态并不理想,数据立法亟待推进,数据资源开发利用不足

---

① 《大数据白皮书(2019年)》,中国信息通信研究院。1 ZB=10^{21} bytes=1000 EB=1,000,000 TB
② "梅宏:我国大数据总量有望占全球两成,应用尚处于初级阶段",《21世纪经济报道》,2019年10月28日。
③ 《数据集成设施白皮书(2019年)》,中国信息通信研究院。

与无序滥用大量并存，海量数据资源尚未带动形成高价值的产业分工链。如何实现从"数据大国"发展成为"数据强国"，是进一步推进大数据战略亟待解决的基本问题。

二、数据生态建设观：坚持两个原则

在当今各国大力推进大数据战略的国际环境下，我国数据生态建设应从我国实际情况和真实需要出发，辩证地坚持好两个原则。原则一涉及数据生态的建设目标，原则二涉及数据生态的建设路径。

原则一：坚持数据生态发展和国家发展战略高度一致。

党中央国务院一直高度重视大数据发展。2015年国务院发布《促进大数据发展行动纲要》，开始从国家层面为大数据谋篇布局。2016年《国民经济和社会发展第十三个五年规划纲要》首次正式提出实施国家大数据战略。2017年10月，党的十九大报告提出推动大数据与实体经济深度融合。2017年12月8日，习近平总书记在十九届中共中央政治局第二次集体学习时做出"推动大数据技术产业创新发展、构建以数据为关键要素的数字经济、运用大数据提升国家治理现代化水平、运用大数据促进保障和改善民生、切实保障国家数据安全"等重要战略部署。2019年10月，党的十九届四中全会首次将数据从技术中独立出来，列为生产要素，为我国充分释放数据价值红利提供政策指引。2020年3月,中共中央、国务院发布《关于构建更加完善的要素市场化配置体制机制的意见》,将数据列为与土地、劳动力、资本、技术同等地位的基本生产要素,并提出了加快培育数据要素市场的要求。2020年5月,中共中央、国务院发布《关于新时代加快完善社会主义市场经济体制的意见》中进一步明确提出:"加快培育发展数据要素市场,完善数据权属界定、开放共享、交易流通等标准和措施,发挥社会数据资源价值。"2020年7月,《中华人民共和国数据安全法(草案)》再次强调:"促进以数据为关键要素的数字经济发展。"

因此,各界在推动数据生态建设过程中,应把思想和行动统一到党中央国务院关于大数据发展的战略高度上,充分认识到数据生态发展和国家战略保持高度一致的重大意义。

如金融领域数据生态建设,应紧密围绕国家金融战略开展。当前金融领域正全力打好防范化解重大金融风险攻坚战,随着金融产品跨行业跨市场的交叉特征日益明显,风险传播愈发迅速,金融数据生态建设应着重打破金融机构间的数据壁垒,扩大金融风险监测的数据来源,为监管当局及时获取风险信息、有效遏制金融风险扩散,为牢牢守住不发生系统性金融风险的底线提供有力支持。此外,为有效破解中小微企业融资难题,数据生态建设应着重融合金融机构数据、工商社保政务数据、司法数据、税务数据等,帮助金融机构实现中小微企业融资联合风控,为推进金融供给侧结构性改革提供支持。围绕金融领域支持三大攻坚战之"污染防治",聚焦推动融合绿色金融机构、绿色企业数据，创新绿色金融产品和服务方式，为我国绿色金融高质量、可持续发展提供支持。

是否与国家战略一致，也是检验数字技术创新方向正确与否的试金石。当下，还有人片面强调区块链技术的去中心化，追捧其在代币发行等活动中的应用价值。其实，我国推动区块链技术应用，强调的是充分发挥区块链在促进数据共享、建设可信体系等方面作用，为推进国家治理体系和治理能力现代化做出有益探索。如2020年新型冠状肺炎疫情防控中，由中国互联网金融协会指导发起的"博雅医链"战"疫"医疗物资捐赠存证公益平台，就充分运用区块链技术的分布式、防篡改、可溯源等特性，为捐受赠双方免费提供物资确认、可信存证、信息查询在线服务，截至2020年2月28日，已累计为200多家捐赠主体提供存证服务，涉及捐赠金额近3000万元，医用口罩、防护服等各类紧缺医疗物资超30万件（套），有力解决了传统防疫物资捐赠管理的信息不对称、不透明和公信力不足等问题，为更好凝聚社会信任与力量共同抗击疫情做出贡献。

原则二：坚持守正创新。

守正即是要坚守正道，这是我国数据生态建设的根基。创新即是面向未来，以发展的眼光推动数据生态建设。守正是创新的前提和保障，创新是守正的实现路径。坚持数据生态的守正创新原则，要处理好二者之间既对立又统一的关系，既不能左也不能右，要聚焦当下数据生态存在的突出问题，以创新思维破除问题困境。

如关于平衡个人隐私保护和数据安全使用，守正创新需要兼顾发展和安全、平衡效率和风险，在保障个人信息安全下，支持大数据价值挖掘。2018年欧盟通过的《通用数据保护条例》（General Data Protection Regulation，GDPR），被称为史上最严格的数据安全管理法规，自其推出以来，许多研究表明GDPR已威胁到创新研究，因为它关于个人信息数据使用要求的披露，与大数据、人工智能、区块链和机器学习等从根本上不兼容[1]。我国提出个人数据是生产要素，就是既要有效保护数据主体隐私权在数据治理过程中不受侵害，又要合理分配数据使用产生的收益。从这点来讲，我们建设数据生态，不能为了安全合法不使用数据，也不能为了自身利益乱用滥用数据，而要在充分保护个人隐私、保障商业秘密、维护国家安全的基础上，合法、合理、有效、安全地推动数据使用。

又如连接数据孤岛、盘活数据存量是当下紧迫任务。目前，有两种主要的解决思路。一是传统的数据共享思路，即各参与方都将数据共享给权威的第三方，开展集中应用，但一直以来数据的权责利问题、商业秘密与个人隐私问题，导致这个思路在很多场景中不能妥善解决数据孤岛问题。近年来，随着多方安全计算技术的快速发展，产生了第二种新的解决思路——"数据安全融合"，指通过应用多方安全计算技术，实现数据"可用不可见"，各数据提供方无须

---

[1] "GDPR一年回顾"，《腾云》，2019年06月，第70期。

提供真实数据，只需提供计算因子，就可实现多方数据的联合使用。第二种思路通过数据安全融合，就可以实现安全、高效、合理、合法的使用数据，而不是安全、合法的不用数据，这就是守正创新。

三、数据生态发展观：把握四象限趋势

人类自古就利用数据来探索世界运行的规律。从以计算机为代表的信息化时代开始，人类掌握数据、处理数据的能力有了质的飞跃，但我们对数据作为生产要素的认识，才刚刚起步。"工欲善其事，必先利其器"，应如何选择数字技术工具，才能更加有效地释放数据的价值？本文用一个四象限来描述人类对规律的认知状况和相应的技术选择问题，能更好地定位当下、把握未来。

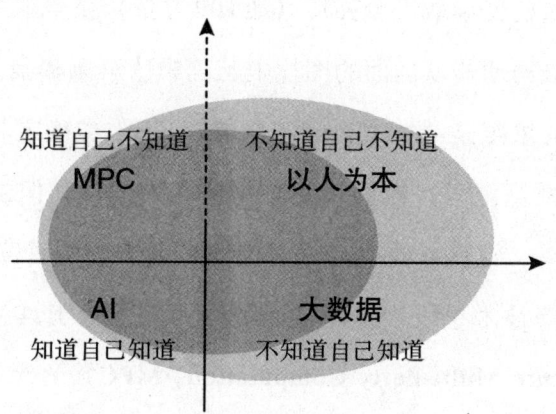

右下角的象限是"不知道自己知道",指对应着海量的数据,但人类还没有摸到数据的规律。这时应该用什么技术来探索新规律呢?答案就是现在发展迅猛的大数据技术。大数据技术在面对具有海量性、多样性、时效性、可变性等特征的大数据面前,通过充足的计算能力和高效的数据分析方法,为人类理解和发现复杂系统的规律提供可能,也为人类提供了全新的思维方式和探知客观规律的新手段。

左下角的象限是"知道自己知道",是指人类在已有的带标识的数据中去寻找新的规律。这个象限需要通过技术手段挖掘数据的统计规律,而最好的工具就是人工智能机器学习,因为机器学习比人类能够更快更准地挖掘出数据中的潜在统计特征。但人工智能的特点是,它要基于大量的数据训练才能学会计算或判断。比如,要让机器去辨认一张图片是苹果还是梨,人类要先在图片上分别标识好苹果或梨,教机器读取大量图片(如100万张)获得苹果或梨的判断逻辑,随后机器便能从后面的图片中正确辨认苹果和梨。

左上角的象限是"知道自己不知道",指人类确定其分析能基于更多更广的数据源时,他们就能知道更多的规律,但由于隐私保护或安全顾虑等,这些数据是不可能直接获取的。这个象限的数据需要通过密码等技术手段来隐藏,而最好用的技术工具就是以多方安全计算(Secure Multi-Party Computation,MPC)为代表的数据安全融合技术。这些技术可在数据的密文上直接进行计算,得到与明文计算同样的结果，既不干扰人工智能获得统计规律，又能够隐藏任何数据中的额外信息，实现数据"可用不可见"，达到数据使用和数据隐私保护的双重目标。

右上角的象限是"不知道自己不知道"，属于人类目前认知范畴之外的规律。要探索这个象限的规律靠哪种技术呢？答案是不能靠技术，而只能靠人。这也代表人类智慧作为理性与感性的结合体，高于所有的技术范畴，人类能解决的复杂问题，是目前技术触达不到的领域。其实归根结底，一切技术方式和手段都是为人服务。

从四个象限的大小也可以看出，未知大于已知，挖掘已知、探索未知，既体现了人类探索数据世界孜孜不倦的追求，也反映了人类探索整个世界的渴求。

四、数据生态能力观：建立三种思维

推进数据生态建设，还需要我们具备相应的能力。把思维方式转变到数字经济时代上来，这是加快推进数据生态建设的基础，重点有以下有三个方面。

一是制度动态平衡思维。当前应加快数据立法，但同时要做好不断迭代更新制度的思想准备。和工业经济相比，数字经济的特征之一是新生事物能快速实现广泛传播，社会发展速度日新月异。面对不断发展变化的数字经济，相关数据标准和制度不可能一蹴而就，而是需要和其保持动态平衡。一成不变的制度反而会制约数字经济的发展。在制度更新过程中，要坚持守住底线，引导创新，这是数字经济时代立法立规者的智慧。

二是数据社会化大生产思维。数据由手工作坊变为社会化大生产，在生产、使用和流通的不同环节间形成专业化分工协作，是数字经济发展的核心。为此，应破除当前数据价值链闭环被局限在同一个公司、平台或组织内部这种自给自足、手工作坊阶段的思想束缚，在风险可控的情况下，加快数据跨行业跨领域安全融合应用试点，及时总结试点经验上升为国家级发展战略，使数据真正成为现代化的生产资料。

三是信息化教育思维。教育是立国之本，强国之基。从一定意义上来说，信息化教育决定我国数字经济发展的未来。为此，应以信息化方式抓好信息化教育，使二者体用一致，形成完整的良性闭环。一方面充分利用信息技术，构建数字化智能化的泛在学习型社会，普及数据知识，提升全民数据素养。另一方面加快落实《教育信息化2.0行动计划》，将信息素养纳入学生综合素质评价，全面提升学生信息素养。

展望未来，未雨绸缪，方能行远。只有建设好数据生态，才能实现数字经济引领我国经济新常态，愿我们都能为提升新时代国家综合竞争力贡献力量。

数字版权保护的变革与挑战

徐 恪

在互联网催生的数字经济迅猛发展的大背景下,如何对数字内容的版权提供有效保护,直接关系到作品原创者和相关企业的切身利益,进而影响国家文化产业的健康发展。具备去中心化、可审计等特性的区块链技术的出现,为数字版权保护的变革提供了有力的技术支持。本文从数字版权保护与区块链的关系入手,介绍了基于区块链的数字版权保护系统的操作流程和实际落地的案例,深入剖析了视频版权系统实例,全方位、多层次地展示了基于区块链的数字版权保护系统发展现状。

作者系清华大学计算机系教授、清华经管数字金融资产研究中心核心研究人员。

一、数字版权保护面临的挑战

互联网的蓬勃发展带来了数字内容的创作高潮,大量的网络文学、数字音乐、短视频作品不断涌现。在数字内容数量迅猛增长的同时,也出现了许多问题,其中最为关键的便是版权问题。

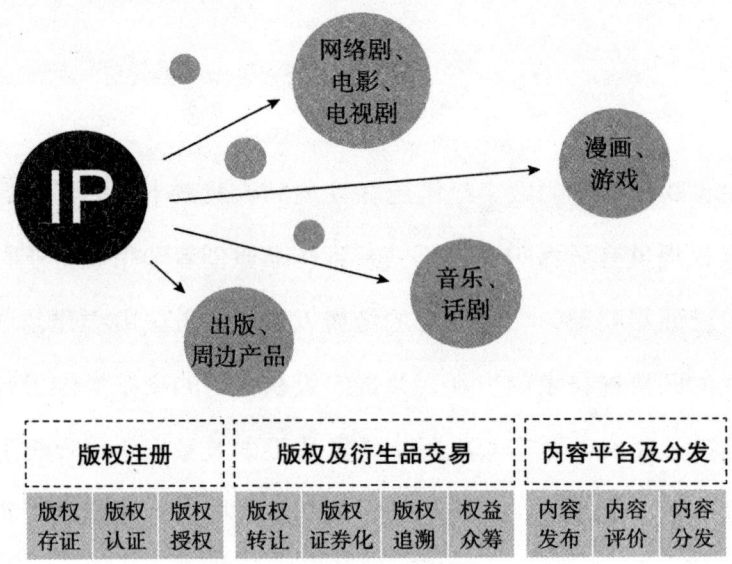

图1 数字版权分类

如图1所示,数字版权问题与文化产业的发展息息相关,是文化产业的命脉。然而,数字内容盗版问题却屡禁不止,并呈现出愈演愈烈之势。近年来我国对数字内容版权的保护力度逐年增大,严厉打击盗版侵权行为。但从客观角度而言,无论是学术界、企业界还是政府都并没有找到一种有效解决版权问题的办法。究其原因,是因为数字版权保护面临如下挑战。

1.版权登记流程繁杂

当前,版权登记需要经过提交申请书和申请材料、提交证件、等待受理、审查等若干阶段,而这一流程大约需要30个工作日,可谓耗时耗力。对于一些摄影或视频作品,拍摄者可能认为版权登记性价比低而放弃登记,为盗版侵权留下了可乘之机。

2.侵权形式多种多样

在互联网上,数字内容的传播渠道很多,包括且不限于邮件、网盘、论坛、商业网站……这些渠道给侵权行为的藤生蔓长带来了肥沃土壤。不仅如此,在网络直播中,主播使用的背景音乐和翻唱的歌曲如果未经准许也会构成侵权。这种直播过程中的侵权现象不仅很难被察觉,而且还不易存证,给维权工作带来了很大困难。

3.维权周期长成本高

一次完整的诉讼维权通常需要1~2年的时间,其间还要花费大量的律师费、取证费、诉讼费等,时间花费大,经济成本高。尤其对于个人原创者,这种花费往往是难以负担的。高昂的成本使原创者不得不放弃自己的正当权益,这正是版权保护的症结所在。

而区块链的出现为应对这些挑战提供了新的思路。区块链可以永久保存链上信息，多点存储防止信息篡改，还能够与其他技术协同查验是否出现侵权行为。可以说，区块链天然具备数字版权保护的"基因"。具体来讲，区块链具有如下特点。

①去中心化

去中心化是指区块链网络的管理不依赖于少数的中心节点。参与到网络中的每个节点都高度自治，可以自由地选择进入或退出网络。网络中的节点通过共识机制共同管理、维护整个网络。区块链网络去中心化的特征使得少数个体很难控制整个网络，为公开透明的运行机制提供基础保证。

②共识机制

目前可以用于区块链的共识算法包括实用拜占庭容错算法（Practical Byzantine Fault Tolerance，PBFT）、工作量证明（Proof of Work，PoW）、权益证明（Proof of Stake，PoS）、委托权益证明（Delegate Proof of Stake，DPoS）等。PBFT通常用于联盟链系统，而PoW和PoS系统在公有链中经常使用。这些共识算法保证即使有少量故障或恶意行为的节点，区块链网络也能够实现最终行为的一致性和有效性。依靠共识算法，区块链能够在技术层面实现有利益冲突的多个实体对数据和操作行为的互信。

③智能合约

智能合约是在区块链上实现特定功能的代码，它能够在设定条件下触发执行。智能合约保证在没有可信第三方背书的情况下，完成可信计算，从而实现安全交易，其基本原理是系统中的所有节点都会执行智能合约从而保证合约一定能够被正确执行，少量的恶意节点不能改变合约的执行结果。比特币所代表的早期区块链技术中，只能够实现基本的数字货币交易。随着区块链技术的发展，以太坊、超级账本等新型区块链平台出现，这些平台上的智能合约由图灵完备的语言实现，大大增强了智能合约的能力，丰富了区块链的应用场景。使智能合约成为支持区块链在现实世界中大规模应用的最关键技术。

区块链所独有的这些特征为数字版权保护提供了新的可能。版权信息一旦上链，就可以被明晰地记录下来，也就可以设定保护条件，从而发起和强制实施交易合约，为版权信息提供公开透明的认证机制和长久有效的保护机制。此外，对区块链上版权信息的检索也十分便捷。在数字版权保护场景下，区块链实质上就是版权证据链，维权者能够方便、快速地获取所需要的版权证明，这无疑能为数字版权保护提供强大助力。

二、基于区块链的数字版权保护系统流程

区块链在数字版权保护方面的应用实践已经初具规模。总体而

言，基于区块链的数字版权保护系统一般由三部分组成：取证、上链和确权。下面分别进行介绍。

1. 取证

各种数字内容的文件格式不统一，大小差别也很大，如果将文件本身直接上链显然是不现实的。首先，大文件不宜上链。区块本身大小有限，难以承载。大文件上链也会带来很大的网络传输成本和存储成本。其次，文件直接上链也不利于文件的检索和比对。

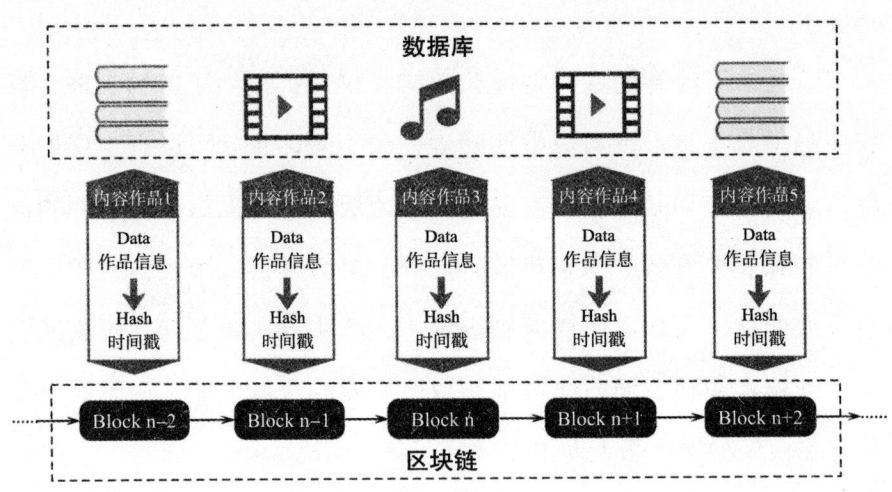

图2 版权信息取证、上链

如图2所示，目前可行的办法是提取文件特征。比如提取文件的哈希值，再加上作品的作者、生产时间等元数据，整体作为证明文件版权的唯一ID，将该ID上链。

2. 上链

基于区块链的数字版权保护系统可以实现作品信息自动上链，减少人工参与。当作者完成自己的创作，上传作品文件之后，服务器后台会自动提取文件的哈希特征，加上一些必要的元数据，作为一个"交易"添加到区块链上。这个区块链的节点可能遍布平台运营公司、国家的版权保护部门，甚至一些愿意尝试保护自己作品版权的平台用户。在几秒到几分钟内，这部作品的相关信息就能完全在区块链上同步。整个过程对用户是透明的，对区块链的各个节点而言也是自动完成的。如此便捷、快速地上链，也为接下来作品的确权奠定坚实基础。

3. 确权

将作品的版权信息上传到区块链上依然不够，因为作品上链对于遏止盗版是没有直接作用的。基于区块链的数字版权保护系统仍然需要和其他技术结合。例如，通过网络爬虫，广泛地爬取全网数字资源，提取特征值与链上数据对比，主动发现侵权行为。

三、基于区块链的数字版权保护应用领域

基于区块链的数字版权保护已经有许多落地的应用，触及了音

乐、视频、文本等各个领域，而且依然在快速发展当中。

1. 应用领域一：区块链+音乐

2019年9月，华纳音乐集团向区块链游戏公司Dapper Labs投资千万美元，共同开发新的公共区块链平台Flow。华纳音乐正在研究如何使用加密货币让粉丝打赏自己喜欢的艺术家，并在两个不同的区块链平台上对其进行测试。尝试通过区块链使音乐家和粉丝能够绕过发行公司直接建立联系。

2019年，奥地利环球音乐与以色列初创公司HyperSpace、瑙河克雷姆斯大学合作，发起一项名为Amplitude的研究项目。该项目旨在研究基于区块链的媒体平台将如何影响音乐产业，特别是希望区块链技术能在寻找新兴音乐家和提升粉丝忠诚度等方面发挥作用。

除了大型唱片公司，流媒体音乐平台也很早开始使用区块链技术。早在2017年4月，Spotify收购区块链初创公司Mediachain Labs。该公司创建了一个对等数据库，用于注册、识别和跟踪音乐作品的在线发行，并使用区块链技术解决版权归属问题。

区块链技术在音乐行业的应用是一个持续的研究和实践过程，两者的结合才刚刚开始，未来的发展值得期待。

2. 应用领域二：区块链+视频/图片

位于美国纽约的初创公司Mine Labs开发了一种基于区块链的元

数据协议，称为Mediachain。该协议使用IPFS文件系统来保护数字图片作品的版权。目前，Mediachain已为超过200万张原始照片创建元数据记录。纽约现代艺术博物馆、美国数字公共图书馆和欧洲数字图书馆都是Mediachain的用户。

2019年5月9日，百度智能云在上海举办"ABC Tech On2019技术与应用论坛"，展出两款创新产品：可信赖的数据生态链解决方案和区块链音视频版权保护解决方案。整体解决方案涵盖三个关键功能：版权验证、版权交易和版权维护。该解决方案还具有防盗链、视频加密和水印叠加功能，有效保护原创作品。

3. 应用领域三：区块链+文字

中国创业公司"原本"是基于区块链技术的版权存证和交易平台。"原本"服务于两类群体，一类是原创作者或者是原创机构；另一类是有内容转载需求的渠道方，比如企业服务号、微信公众号、运营商等。原创者在"原本"提交和认证原创作品，生成唯一数字DNA，原创者可以将携有数字DNA的原创作品发布到任何内容平台。转载需求渠道方在任一平台发现原创作品，都可以通过点击DNA回溯到"原本"购买，获取授权。"原本"已经与《中国教育报》《金融时报》等多家国内媒体达成合作。

四、基于区块链的视频版权保护系统实例

移动互联网和5G技术的快速发展也加快了各种视频生态的繁荣。比如方兴未艾的网络直播（如斗鱼、虎牙等），近几年影响广泛的短视频App（如抖音、快手等），以及逐渐走向千家万户的网络机顶盒……这些产品服务一方面增加了人们视听享受的途径，另一方面也扩大了盗版视频的攻击面，使得视频版权保护的态势趋于复杂和多态——从静态的视频文件变化为动态的实时视频流，从主动获取盗版资源变化为被动接受盗版资源，对版权问题的监督、治理难度陡增。

为解决上述问题，咪咕文化科技有限公司与清华大学合作研发基于区块链的视频版权保护系统，对视频流形式的原创内容提供版权保护，维护创作者的切身利益。

首先是身份认证，如图3所示，身份认证由底层区块链和实名注册的数据库对接实现。内容云部署数字平台的内容服务。当有创作者提供原创内容时，由版权审计中心审计内容合法性，并与链上分布式账本的存储内容比对，检测是否有侵权行为。当有合法版权内容进入生态，内容服务平台为用户推出相应的内容，并由区块链节点记录最新的版权信息，为后续的审计和取证工作提供可靠的依据。

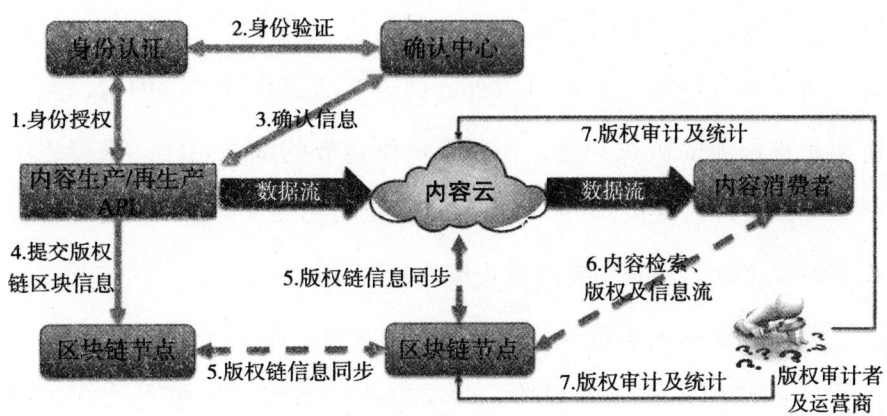

图3 视频版权保护系统设计图

例如,首次登记过程中,记录申请用户的合法版权的内容信息,公布于联盟链上。作品信息包括作品名称、作品类别、作者姓名、著作权人姓名或名称、作品是否发表、作品创作完成时间、首次发表时间以及登记日期等。带有时间戳的交易明确作品的最初所有权归属,防止后续同质内容对已登记作品造成侵权行为。在版权流转交易中,版权出让方与版权受让方达成一致,签署交易合约,由联盟链记录合约细则,防止链下非法的无共识版权交易。任何无授权的受让方非法二次买卖版权的行为可以认定为无效操作。联盟链中对相应作品的版权转让溯源,可以清晰展示出对应版权流转的详细信息,包括每一环的购买及出让,为取证人员提供有效的法律依据,打破传统线下取证难的僵局。因此,联盟链的数字生态目标是建立社会认可的版权保护体系,切实保护数字作品创作者的权益。

随着实时数据流监察技术的发展,利用运营商专用设备,可以对网络中视信信号进行实时审计,通过对比版权链上的内容,完成对实时视信流的版权监察,为监管提供可靠的取证途径。联盟链能够有效推动版权保护、IP资产衍生金融业的发展,可以在一定程度上重塑版权流转、利益分配的现实格局。

视频版权保护系统具体部署如图4所示。机顶盒在系统中,可以看作是产生视频流的源头。为了检测由机顶盒所得到的视频流是否存在盗版侵权的现象,系统中接入了探针来进行检测。探针的功能包括:在视频处理平台的指令下,截取特定时间段内的视频流并提取这段视频流文件的哈希值。然后再将这段视频流的哈希值以及其他元数据(比如生成时间、取自哪一个视频流等)记录到区块链上。

探针截取视频流、提取特征信息、将视频信息上链等功能都是由视频处理平台调用的。视频处理平台可以看作是整个系统的"大脑"。它接收来自探针的视频流,将这些视频流与全网统一检查平台中的数据进行对比。如果发现视频流中有盗版侵权现象的发生,则向探针发出指令,截取视频流并将相关信息上链,为以后的维权诉讼保留证据。我们可以将全网统一检测平台看作整个系统的"眼睛",与区块链技术协同工作,共同构成坚实的版权维护系统。

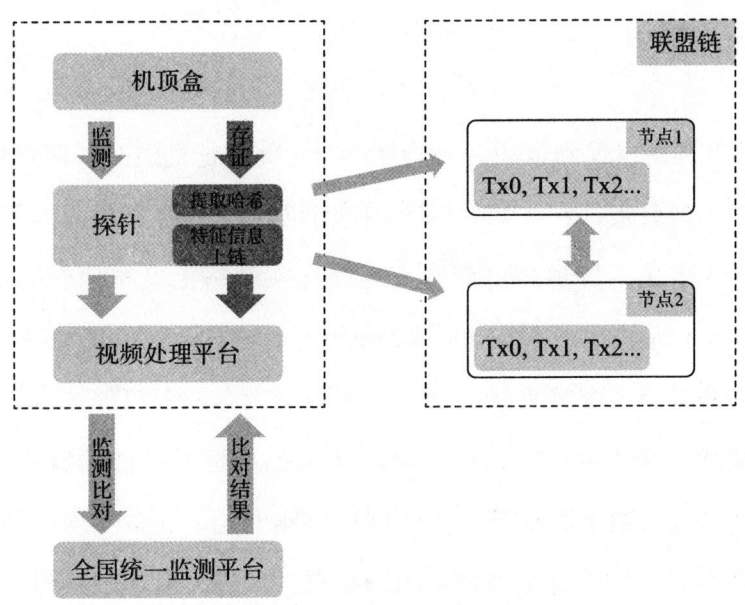

图4 视频版权保护系统部署图

该系统中区块链的具体实现形式是联盟链。联盟链是区块链的一种，是与公有链相对的概念。公有链是非许可链，任何人或组织都可以匿名地自由加入或自由离开，并且链上的信息完全公开；而联盟链是许可链，只有联盟中的组织才有权以明确的身份参与到联盟链，并且链上的信息只对联盟内部公开，不在联盟中的人或组织接触不到这些信息。联盟链的许可性质和较高的运行效率，使得联盟链非常适合于多方协作的商业场景。这也是版权系统选择联盟链的原因。联盟链中的节点可以布置在企业、公证机构甚至可以包括愿意参与到联盟链运营的原创作者，真正做到社会各界共同构筑维护版权的"保护链"。

五、结语

从万维网出现到现在，人们从一开始简单地通过互联网看邮件、看新闻，到后来人们开始在网上创作小说、上传摄影作品、原创歌曲，各大音乐、影视内容商也大规模地在网络上发布他们的作品，再到今天，人们在抖音、快手等App每天发布自己的短视频创作……互联网络上的内容越来越丰富，这些数字内容的版权保护也面临着极大挑战，区块链技术为应对这一巨大挑战提供了新的解决思路。基于区块链的数字版权保护的发展才刚刚开始，相信在未来科技的不断发展下，区块链技术也将不断完善、改进，数字版权保护将不再是令人头疼的难题。

数据有价

张家林

数据（Data）是一项资产的观念形成时间虽然不长，但已经成为人们的共识。成为资产的两个基本前提条件是能够确权和定价。确权是确定谁拥有什么权利或权益，定价使得资产具备可转让性。相比其他资产类别，数据资产（Data Assets）的确权和定价的研究刚刚起步[①]，但数字经济的发展迫切需要理论界对这一课题进行研究。

从数据流动的宏观结构观察，数字化首先形成初级的、未经处理的原始数据（Raw Data），这些原始数据是由不同的数字化设备（传感器）产生的"传感数据"（Sensor Data），经过简单的组合或融合而形成的。这些原始数据再经过处理，形成各种各样的数据产品

作者系北京艾亿新融基金管理有限公司，合伙人。

① Heckman J R, Boehmer E L, Peters E H, et al. A Pricing Model for Data Markets [J]. 2015.

（Data Products），进入数据交易市场。数据资本化进程的演进，逐渐形成包括数据资产、数据资本和数据金融的数据金融市场。（如下图）由此可以看出，数据必然会成为可进行交易的商品、必不可少的生产要素与资产①。数据资产列入资产负债表，也只是时间问题。

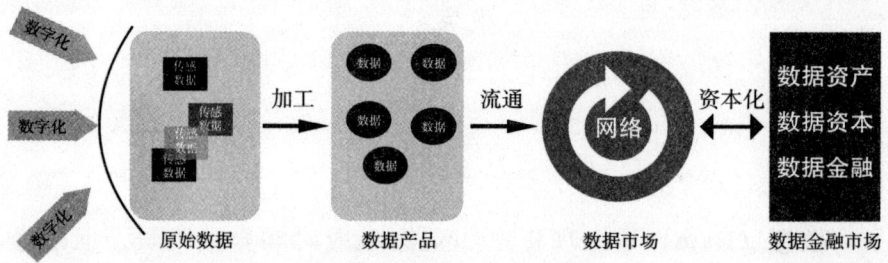

不是所有的原始数据都能够加工成数据产品，能够加工成数据产品的原始数据需要满足一些特性。严格定义和测度原始数据并不容易，能加工成数据产品的数据还很难形成统一的标准。但目前，学界认为具备"大数据"特性的数据是能被加工为数据产品，进一步成为数据资产的数据，这一观点基本能够形成共识。为避免歧义，本文所研究的数据，是指满足"大数据②"特性的这一类数据。

在当前的数据市场中，买家和卖家之间信息严重不对称。这种信息不对称的情况，误导了参与交易的各方并最终带来"柠檬市场"。

---

① Gkatzelis V, Aperjis C, Huberman B A. Pricing private data [J]. Electronic Markets, 2015, 25（2）：109-123.

② Dermchenko, Yuri & Los, Wouter & Laat, Cees. (2018). Data as Economic Goods: Defimtions, Properties, Challenges, Enabling Technologies for Future Data Markets.

如果存在数据定价的标准模型,这个模型考虑了影响数据价值的许多方面,如数据的年龄、样本的可靠性以及其他因素。买家就可以进行适当的比较,以获得合理的价格。如果数据市场采用了这些标准化的定价模型,市场效率将会得到大幅改进,进一步促进数据科学的研究和发展。

早期研究主要针对数据资产评估。Moody 和 Walsh[1](1999)提出信息资产可以作为有形资产进行评估,信息的价值由信息搜集成本、管理信息成本和信息质量共同决定。Longstaff 和 Schwartz[2](2001)基于 B-S 期权定价模型提出 LSM 方法,解决具有历史数据依赖性的期权定价等问题。Pitney Bowes[3] 和 John Gallaugher[4](2009)从数据资产管理的角度,研究在数据流动过程中如何对数据资产进行管理。提出了数据资产管理包括目标数据、数据来源、数据体积、数据质量、数据托管等方向。

本文主要讨论数据本身的定价问题。

---

[1] Moody, D.L., & Walsh, P. (1999). Measuring the Value of Information - An Asset Valuation Approach. Proceedings of the seventh Ewropean Conference on Information Sustems, ECIS 1999, Copenhagen, 1999.

[2] Longstalf F A, ES Schwartz, Valuing American Opfions by Simulation: A Simple Least-Squares Approach[J]. The Review of Financial Studies (S0893—9454), 2001, 14(1):113-147

[3] Pitney B. Managing your data assets[J]. IEEE, 2009, 29(1):35-40.

[4] John N. The data asset: Databases, Businecs Intelligence, and Compefitive Advantage[J]. Computers & Operations Research, 2009, 46(3):16-24.

一、分析框架

从经济学的视角看,这类数据无法由经济人通过人工方式直接处理,必须且只能够借助某种软件来处理。因此,对经济人而言,数据产生的效用是数据和软件共同作用的结果。

处理数据的软件也在不断演进。人工智能的发展极大地提高了数据处理的能力,同时,也对原始数据产生巨大的需求。为了训练一个人脸识别AI,需要大量采集人脸数据进行训练;自动驾驶AI系统,无论在训练时,还是在工作中,都需要大量数据。

以微观的视角,将处理数据的软件与数据分开考察的优点是,可以基于经济学的理论体系,构建一个关于数据和软件的经济学分析框架。这个分析框架的核心要点主要是两个:一个是将满足一定规范条件的输入数据无差别化处理,考察不同的软件在处理相同输入的情况下,其输出的效用差异;一个是将软件看作经济人的智能代理(Intelligent Agent),对数据市场的交易行为进行分析。

需要补充的是将软件和数据分开是为了更好地在经济学意义上,分别研究软件、数据的经济学性质。具体而言,这样的分离更便于建立数据交易和定价所需要的微观基础。

首先建立一个初步的软件经济学分析框架[①]。通过这个分析框架,

---

① 《开源软件经济学浅议》,张家林。

可以得出的结论是：软件本质上代表的是某个时期，人们处理某类数据的全部知识和方法的总和。软件作为经济人的智能代理，按照委托处理特定的数据，向经济人提供效用。

这个分析框架将数据作为软件定义的输入空间和输出空间的子集【定义1】。数据从一个层级"流动"到上一个层级，驱动数据流动的动力是数据的价值。（分析框架示意图如下）

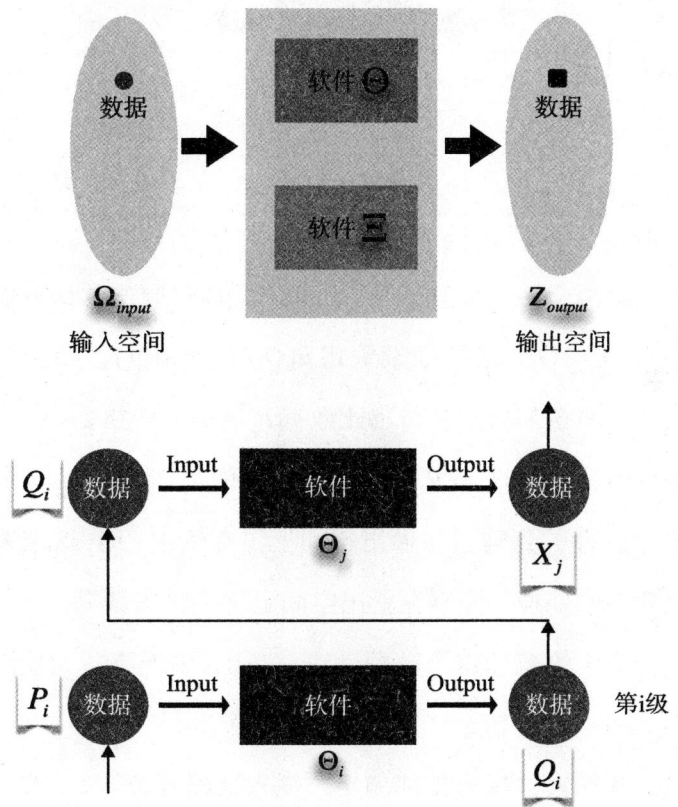

本文后续的讨论，为了将研究对象聚焦在数据上，假设经济人

都使用相同的软件，但输入数据是有差别的。【假设1】

对经济人而言，拥有软件 Θ，软件成本为 c^{Θ}。输出数据的预期效用 $\bar{\mu}_{out}$ 大于输入数据的效用 μ_{in} 和软件使用成本，经济人才会考虑购买输入数据，即 $\bar{\mu}_{out} \geqslant \mu_{in} + c^{\Theta}$【条件1】。

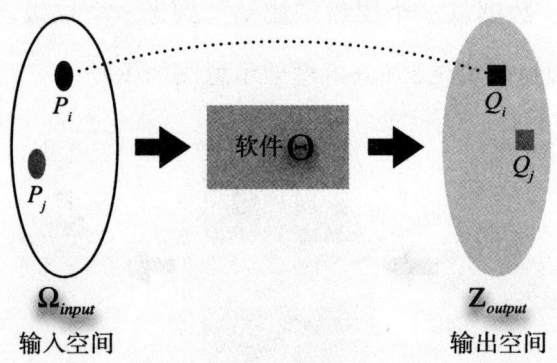

对于任意两个输入数据子集，P_i 和 P_j，通过同一软件 Θ 处理后的对应输出为 Q_i 和 Q_j。如果期望效用 $\bar{\mu}(Q_j)$ 大于 $\bar{\mu}(Q_i)$，那么很合理的结论是经济人愿意为数据 P_j 付出比数据 P_i 更高的价格。

对任意输入数据子集 P_i，事实上面临两类情况：a）这个输入数据子集经过软件的处理，在输出空间上没有输出；b）这个输入数据子集经过软件的处理，能够在输出空间上得到输出数据。显然，在a）情况下，没有人愿意为这个数据付钱；在b）情况下，只要满足【条件1】，数据就会有价值。

既然这些输入数据子集都满足"输入数据规范"，为什么还存在得不到输出的a）情形呢？

用一个形象的类比来说明：将软件看作是一个秤，要秤的东西是输入空间的数据，秤的重量刻度表是输出空间。我们将某些数据放在称上时，能够称出重量的，可以从刻度表上读取数值；不能称出重量的，就无法从刻度表读取数值。（下图示意）

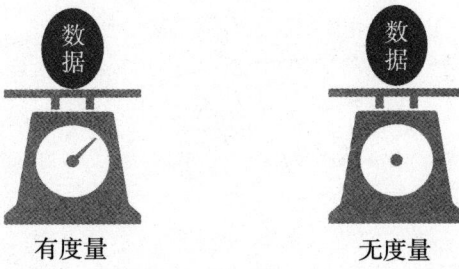

有度量　　　　　　　无度量

由此可以得出结论，为数据构建什么样的度量，直接影响和决定了输出数据。而这些度量本身，也自然地成为数据定价的基础。

那么这些度量是如何构建的呢？

二、数据的度量

数据的度量（Metric）是研究数据交易、定价以及其他经济性质的起点。

数据的属性是复杂多样的，人们可以根据需求选择一些属性来对数据进行计算和分析。因此，不同的软件被用来处理具有不同属性的数据。为了建立标准的模型，需要对这些属性进行规范化要求，由此就形成了"数据规范"。将数据标准化、规范化是进行商品化（Commditzation）的前提。

NIST提出了一个数据属性的层级关系模型[①]（见下图），可以更好的理解数据内蕴的层次结构。

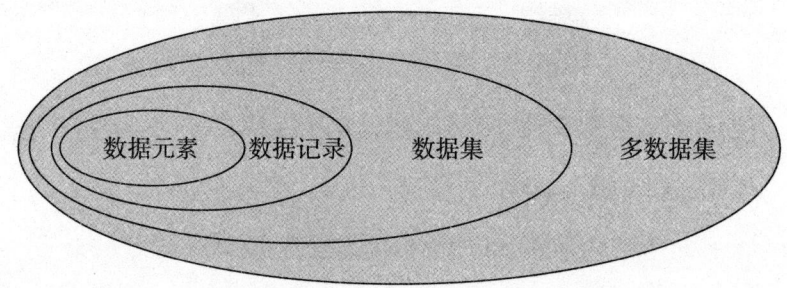

数据属性在每个层级都有其对应的、可以定性或定量的参数化表示。因此，可以对具有上述复杂层级结构的数据，建立与之相应的度量。

数学上，给出了度量的一般性定义。它事实上就是一个距离函数。欧几里得距离函数 $d(x,y)=\sqrt{x^2+y^2}$ 是最常见的度量。例如，为了比较数据集中两个数据元素之间的相似度，就可以用距离函数这样的度量。

除了欧几里得距离函数，根据应用场景不同，还有很多距离函数[②]：例如汉明距离、曼哈顿距离、车比雪夫距离等。不同距离函数

[①] NIST Big Data Interoperability Framework: Volume 2, Big Data Taxonomies.
[②] https://blog.csdn.net/pipisorry/article/details/45651315.

是将数据的属性进行参数化表示，进行计算，从而实现诸如分类、聚类等目的。

但距离函数这类度量，对于具有很大规模、异构性的大数据中，暴露出很多缺陷。因为对于这类数据，用距离这样的度量，无法刻画数据的特性；同时，很多时候根本就无法建立"距离"这样的结构。例如，下图所表示的数据点云，所揭示的情况。可以看出，数据点之间的距离并不能准确的刻画数据的类型，而必须用其他非距离类型的度量。（示例如下图）这类被称为拓扑度量[①]的方法，就是发现隐藏在数据中的"洞"、"环"等结构[②]，并依据此，对数据进行分类、比较。

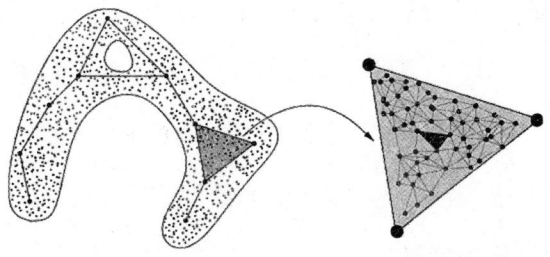

除了采用数学方法外，人们也发明了采用机器学习的方式，自主挖掘出能够对特定数据集进行有效分类、比较的度量方法[③]。目前

---

① http://www.ams.org/journals/bull/2009-46-02/S0273-0979-09-01249-X/S0273-0979-09-01249-X.pdf.

② https://arxiv.org/pdf/1806.05167.pdf.

③ http://www.cs.cmu.edu/~liuy/distlearn.htm.

已经构建了几十种度量,而且还在不断增长中。

一旦建立了能够对数据进行分类、比较和预测的度量,就可以建立数据由度量、对应值构成的特征空间。度量 g^i 和对应的值 v^i 描述了数据的特征,称之为特征空间 Ψ。数据的这些特征,软件最终将其处理后,表示为经济人能够理解和使用的信息,就产生了效用。

度量与数据价值之间的关系

输入空间的不同数据,在输出空间得到不同的输出,其效用的差异是输入数据的特征诱导的。而这些特征是度量的函数。由此,可以看到度量与数据价值之间的联系。

输入空间的不同数据子集的价值差异的定量化,就是数据资产定价研究的核心问题。目前,业界研究了一些度量方法[1]以及由此建立的定价模型。例如,出于对个人隐私的保护,很多学者研究了隐私数据度量的方法[2]及基于隐私度量的数据定价模型[3];基于微观市场一般均衡机制的价差度量,建立了私人数据定价模型[4];一些大数据交易所和平台制订了包括数据质量评价指标、数据效用[5]指标等在内

---

[1]《结构化数据的隐私与数据效用度量模型》,谢明明等。

[2] Wagner I, Eckhoff D. Technical privacy metrics: a systematic survey [J]. ACM Computing Surveys, 2018, 51(3): articleNo 57.

[3]《基于隐私度量的数据定价模型》,彭慧波,周亚建。

[4]《A theory of pricing private data》,Chao Li 等。

[5] 这里的数据效用不是经济学的效用函数,而是指经过处理之后的数据与没有处理的同组数据的相同程度或者真实程度,数据真实性越高,数据效用越好。

的度量指标体系[①]，并以此建立了包括协议定价、竞价等多种数据定价机制[②]。

数据价值的发现和计量是通过度量来实现的，而度量的构建有着严格的数学基础。因此，建立标准的定价模型是可行的。

三、数据资产定价

当前数据资产交易通常由卖方推动，买方对于将要购买的数据信息知之甚少。信息不对称导致定价缺乏透明度，持续损害卖方利益，这就会形成典型的"柠檬市场"。因此，建立具有标准化定价模型的数据市场是非常必要的。

考察一种简单的情形：一个满足"输入数据规范"的所有数据构成的集合 X，给定一组度量 G，构成输入空间 $\Omega_{input}=(X,G)$。对于其中的两个子集 P 和 Q，我们需要建立一个模型，能够根据其各自的度量值进行定价。

最基本的是权重法：对于任意度量 $g^i \in G, i=1,\cdots n$，设定每个度量对数据价值的贡献权重为 w_i。然后根据其度量值分别计算后，加

[①]《浅析国内大数据交易定价》，赵子瑞。
[②]《数据定价机制现状及发展趋势》，彭慧波，周亚建。

权汇总进行定价。

例如,我们选择三种度量 g^1、g^2、g^3 和固定权重 10%、50%、40%,分别计算两个数据子集 P 和 Q 的价值。(下图)

度量	数值	权重		度量	数值	权重	
g^1	10	10%		g^1	20	10%	
g^2	20	50%	=23	g^2	50	50%	=31
g^3	30	40%		g^3	10	40%	

$$P \qquad\qquad Q$$

数据子集 　　　　　　数据子集

这种方法比较便于计算。度量是定量的,也可以是定性的。这种方法存在的问题和争议包括度量的构建和权重分配的优化。解决办法主要是依靠市场交易数据的积累和反馈,寻求一种再调整和优化的机制。这种定价方式适合场外市场交易。

从数据的层级结构(NIST)考察,可以发现不同层级的数据对于整个数据集的价值贡献是不同的。大数据科学揭示出来的一个显著特性是高层级数据包含更丰富的信息,因而对于数据价值的贡献也更多。由此,可以建立一个基于数据层级结构的价值树(Value Tree)模型:价值在不同层级的分布是不均匀的,高层级的数据具有更高的权重(示意图如下)。这种定价方法,需要确定价值在不同层级的分布情况。这方面的定性研究已经取得一些进展,但定量的研究还处于起步阶段。

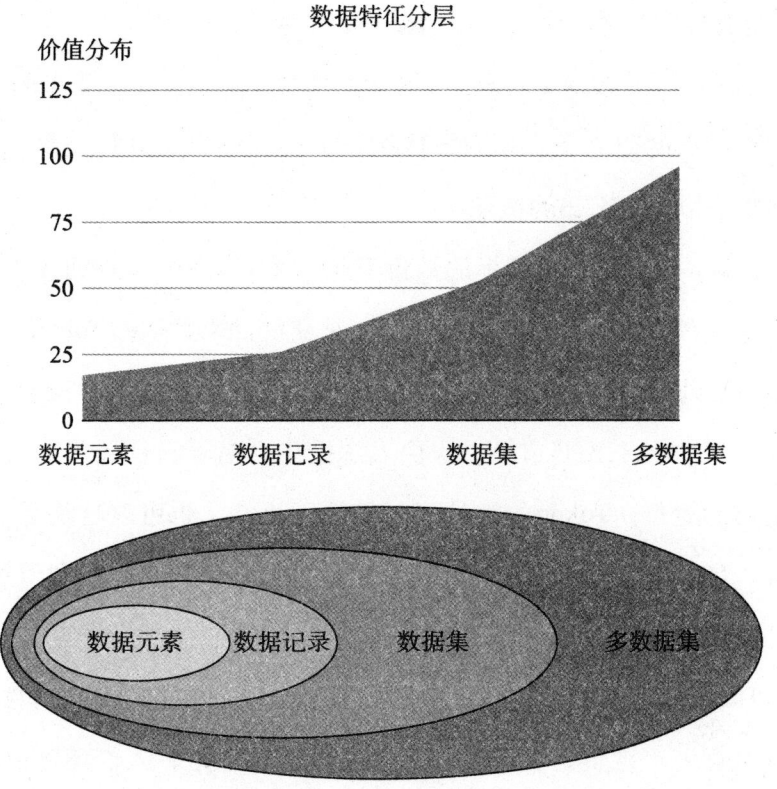

如果存在一个有效的数据市场，可以通过交易来定价。有效的数据市场是指对于市场上交易的数据资产，有一个可信任的中介，能够有效地解决信息不对称的问题。由于数据的特殊性，这样的数据市场需要构建基于区块链的数据交易基础设施。这些基础设施可以解决买卖双方对拟交易的数据资产的信息不对称以及信任问题。由于区块链的特点和优势，能够为交易各方提供关于数据来源、数据质量以及其他数据属性可信的、可靠的和不可删改的信息。因此，

"链上的数据交易"会成为数据交易的主要方式。

基于链上的数据交易的主要方式有两种：1）点对点；2）Token化。

点对点的交易是买卖双方依据链上的规则直接进行交易。定价的依据可以参照上述的模型。

Token化的交易是将标的数据Tokenization后的一种间接交易方式。交易各方不再直接交易数据，而是交易代表数据的Token。数据的定价反映在Token的价格上。这种方式的好处是，不仅将数据的真正买卖双方引入公开市场，也引入了投机交易者，从而通过市场机制更好的定价。Token的设计可以是基于权益、也可以是基于期权。由此，可以派生出很多不同数据资产的价值发现工具，有利于更好、更公允的定价。

Token化交易的另一个显著的优势是，可以解决不完全信息条件下的数据资产定价。主要原因是，由于认知差距，人们还无法对数据层级价值分布以及不同参数对价值贡献的掌握的非常准确。通过Token化，可以将未知的部分（风险）通过公开市场交易进行转移，从而有效地获得合理的、公允的定价。

由于云计算、物联网的不断发展以及数据时效性的原因，数据市场的交易逐步呈现出实时性、高频率以及高频次的特点。数据市场的交易时间按毫秒计算、每次交易从发起到完成按秒级计算。同时，交易发起的频次非常高，每秒钟可能就会有高达几千次的交易发起。更为显著的是，交易参与方不再是人类，而更多的是智能代理。买卖双方都是机器，可以预见数据市场的大多数交易都是M2M（Machine To Machine）的。

就如同当今的证券市场，超过80%的交易都是由算法驱动的程序或Robo完成的。一份研究报告指出，比特币市场上超过90%的交易都是Robo完成的。这些Robo交易者的策略以及交易行为，将显著影响市场的价格和波动。特别是拥有更多自主AI算法的Robo交易者参与到市场中来的时候，我们还面临很多未知的问题。

这将是一种全新的交易环境。区别于我们已知的定价模型，这样的交易环境，其定价机制以及理论都尚待进一步研究。

区块链赋能小微企业融资的三种方式

钟松然　万滢霖　徐德婧

我国中小企业在国民经济占比越来越高,多数中小企业受限于信用基础欠缺和相对较高的风险,融资困难,这一问题极大程度上制约了中小企业的发展。尤其在新冠疫情在全球范围内持续影响的背景下,大量中小企业面临业务停滞和资金周转不灵的严峻考验,其中很多企业崭露头角且未来前景可期,还是高新技术型企业。解决中小企业融资困难问题已经成为近年我国实现经济高质量发展,践行供给侧结构性改革、降杠杆和防风险的重要工作之一。根据中国产业信息网数据,2020年我国供应链金融市场规模预计将达到15万亿元,企业应收账款巨额存量亟待盘活。国家发展改革委、人民银行、财政部、银保监会、国资委在《2018年降低企业杠杆率工作要点》中强调要多措并举盘活企业存量资产,继续通过"两金降压"

钟松然,联易融数科集团CTO;万滢霖,清华大学经济管理学院数字金融资产研究中心博士后;徐德婧,联易融数科集团IT产品专家。

（应收账款及存货）等多种手段提高企业整体资金使用效率。中共中央办公厅、国务院办公厅印发的《关于加强国有企业资产负债约束的指导意见》也指出，支持国有企业盘活存量资产优化债务结构，依法合规开展以企业应收账款为基础资产的资产证券化业务，减少无效占用，加快资金周转。建设以供应链中企业应收账款为基础的融资平台是助力我国小微企业获得低成本资金、推进小微企业数字化进程、助力我国数字经济建设的重要一环。

区块链凭借**去中心化、不可篡改、全程留痕、可以追溯、集体维护、公开透明**的特点，为不信任或者弱信任的多个主体间金融协作提供了共享数据。2019年10月24日下午，中共中央政治局集体学习强调了区块链技术的集成应用在新的技术革新和产业变革中起着重要作用，要把区块链作为核心技术自主创新的重要突破口，加快推动区块链技术和产业创新发展。供应链金融平台可以利用区块链技术增信应收账款的质量，增强应收账款作为储备资产的融资能力，通过应收账款数据即时上链的同时多方确认使得应收账款资产得以拆分、确权和流转，实现核心企业信用支撑下的应收账款分拆流转给各级供应商，帮助供应链底层的中小企业盘活应收账款，利用核心企业信用支撑分拆后的应收账款获得低成本融资。

目前供应链金融平台参与方包括核心企业、小微企业等供应商、资金方、监管方、金融科技服务公司等。供应链金融平台利用应收账款进行融资的场景主要是应收账款的保理业务和应收账款资产证券化。应收账款的保理业务指企业基于真实的商业交易将赊销形成的未到期应收账款转让给保理商（银行或商业保理公司），以获得流动资金支持，加快资金周转。当债务人发生信用风险（如破产、无理拖欠或其他信用风险），无法偿付应收账款时，按照保理商是否可以向企业追索资金，分为有追索保理和无追索保理。首先，上游供应商与核心企业达成意向，向核心企业提供产品及服务，订立商品及服务买卖合同并确认债权；其次，供应商向银行或保理商转让应收账款并订立应收账款转让合同，供应商因此可以获得融资款用于购买原材料和生产加工；最后在应收账款到期日，核心企业支付应付款，包含了供应商转让给银行的应收账款。应收账款资产证券化（ABS, Asset-backed Securities）指以核心企业拖欠的应收账款未来所产生的现金流为偿付支撑，通过结构化设计为应收账款信用增级，在此基础上发行证券给投资人进行融资的过程。应收账款 ABS 的意义在于企业应收账款能够提前变现为现金，并保障投资人的应收账款证券化的收款权益。

传统供应链金融平台需要依靠人工审核数据和流程驱动，为了解决信任问题需要强信用方为流程背书，历经现场尽调、存货现场盘点、手工核对并录入数据、签订纸质合同材料和记账对账等烦琐步骤以确保准确性和安全性，带来了高昂的确权成本。区块链技术驱动的供应链金融平台可以借由数据层面信任为流程背书，实现应收账款的拆分并做到一次确权永久有效，统一账本无须对账。区块链赋能的供应链金融平台可以带来如下优势：第一，监管方可以做为节点之一根据平台应收账款多级流转数据侧面掌握核心企业上游供应商财务管理和生产运营情况，动态平衡供应链上下游成本与收益，促进供应链平台健康持续发展。第二，核心企业能够提升对供应链穿透性管控和预测管理能力，提高供应链生存能力、降低整体供应链成本、改善企业现金流。第三，供应链上游企业能够背靠核心企业信用实现应收账款流转，降低融资成本的同时提升融资效率。第四，金融机构得以依托区块链平台拓展在线金融服务、降低风险成本、扩大资产融资规模和客户规模，转化企业客户为平台合作伙伴，帮助具有发展潜力的中小企业获得融资和进行数字化转型，利发展惠民生。我们分别讲述基于区块链技术的供应链金融平台的三种应用模式，阐述供应链金融中的两大业务，即应收账款资产证券化ABS业务和应收账款保理业务如何利用区块链技术改善中小企业融资困境。

一、第三方搭建区块链平台

对金融机构而言，小微企业往往缺乏完善的内控体系以及体现公司经营情况的财务报告，同时发展前景不确定、风险高、信用低，金融机构的尽调成本很高，不得不为潜在的风险提高定价，相应增加了小微企业的融资成本。要破解小微企业的融资困境，必须先解决金融机构的困扰。过去银行传统的尽调方法是银行工作人员采用传统的现场贷前考察，对该企业的资产负债表、电表、水表等辅助信息进行现场考察，并对企业经营的客流量、市场地位、销售额以及成本等进行估算，综合评估企业的还款能力和还款意愿。不同的产业都会有不同的商业周期，短期的实地考察只是对该企业时间轴上一个点的刻画，很难做到对企业长周期的预测。同时囿于成本限制，长周期、大规模的实地考察不具备商业合理性。

第三方搭建的区块链技术平台可以对小微企业的未来现金流权益数据进行增信，降低小微企业的信任成本，从而获得更便宜的融资。区块链技术平台对核心企业和小微企业的应付账款进行收集，验真，筛查，整理，确权后推送给金融机构，然后金融机构再根据平台推送的应付账款进行后续的融资服务，能够从根本上解决投资方的顾虑，助力小微企业获得低成本融资。由于整个过程从应收账款收集到确权都是被记录在区块链上的，而区块链具有不可篡改的特质，保证了整个过程的真实性。具体过程如下。

首先，从供应商收集到核心企业的应付账款数据（即供应商的应收账款），对该笔账款贸易背景真实性进行核查。通过技术手段，对接第三方数据（如工商信息、法院裁判文书网、失信被执行人名单信息等），核查该笔资产主体（供应商和核心企业）的真实性、合法性、风险性。这些核查结果都会被记录到区块链公链上,各个参与方都可以看到这些真实的记录。然后,各大数据库(如道琼斯风险数据库)可以对接平台筛查高风险主体,一旦查到该笔债务的相关主体,系统就会拦截,截图记录到区块链上并且预警。单笔资产根据基础贸易的商品品类不同,最多可能存在几万张发票,人工查验每张发票费时费力,基于区块链的平台可以自动化完成这一系列核查并记录于区块链,大大减小后台风控人员的人力成本并提高风控质量。最后,对于每一笔应收账款,需要债务人——即核心企业进行债务确认(确权)。此行为的目的在于确保贸易的真实性以及明确核心企业的还款责任,确权信息会被记录在区块链上。

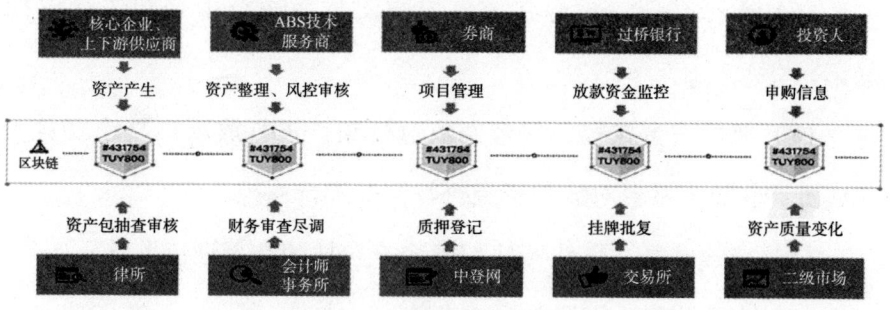

图1 应收账款资产证券化步骤

利用区块链技术支撑的供应链金融平台发行应收账款资产证券化(ABS)产品的主要步骤如下:

(1)资产产生。由核心企业根据其应付安排,向保理公司提供资产清单。

(2) 资产整理。供应商/核心企业在保理公司IT系统建档，建档完毕后登录保理公司IT系统（PC端、微信小程序等）进行基础材料、履约材料的上传，经保理公司审核后，保理商与供应商进行《应收账款转让合同》。

(3) 资产包抽查。律所登录平台，对资产包完整性、合法合规等要素进行抽查。

(4) 财务审查尽调。会计师事务所对该笔资产情况进行审查尽调。

(5) 项目管理。律师和当期ABS管理人登陆保理IT系统进行审核，确认项目情况。

(6) 质押登记。平台将该笔应收账款发送至中登网进行质押登记。

(7) 放款资金监控。保理商或过桥银行进行放款，原始权益人完成资产收集，平台对放款资金执行情况进行监控。

(8) 挂牌批复。交易所对ABS资产包挂牌交易进行批复。

(9) 申购信息。簿记并开放申购。

(10) 资产质量变化。平台利用大数据、区块链技术，对资产到期过程中进行监控，包括核心企业作为债务人的经营变化、融资主体的资信变化等，所有参与机构均能通过区块链ABS平台查看到资产质量变化的信息，并做相应的处置和管理。

整个过程参与方众多，步骤繁杂，保证材料与过程全程不可篡改才能让各方互信且高效协同,通过区块链的技术手段,能够有效解决这一痛点。如果区块链平台由第三方机构提供,以独立方的角度提供不可篡改的区块链平台,让整个应收账款从收集,风险控制,到资产证券化推送的过程透明化,并且让所有的记录都成为区块链平台上各参与方可获取的资料,就能够建立供应链金融内部多方之间相互的信任与协作。由于所有ABS发行的步骤都会记录在区块链上,金融机构能够直接使用区块链上的留存记录作为内部风控审核的依据,大大降低金融机构尽调成本。

近年来我国金融机构小微企业的网络借贷利率约为13%,温州民间借贷登记利率15%以上,而小额贷款公司等类金融机构利率经常为15%~20%,制造业用钢的小微企业(比如需要采购精钢或者粗钢的螺丝、精密件等材料的制造商)融资成本经常高达18%。区块链支撑的资产支持票据(ABN,Asset Backed Notes)的发行利率却可以低到5.9%,加上约1%的各方中介费用,小微企业总的融资成本约为6.9%。这意味着小微企业付出同样的融资成本,利用区块链可以融到的资金是通常渠道的三倍左右。例如,2020年度第一期碧桂园对上游企业承诺兑付的公开ABN发行总额为7.52亿元。在已发行的标准化资产中,甚至有融资利率低至2.5%左右的(碧桂园的供应商融资成本相对于中小微企业平均成本下降了4.4%)。如联易融这样的第三方区块链平台在两年半的时间里,低成本地发行了1500多亿元ABS/ABN,帮助不少小微企业渡过了生死存亡期。

二、核心企业自主搭建区块链金融平台

　　接近万亿级市场的应收账款保理业务是供应商利用应收账款进行融资的场景。2016年开始的供给侧改革使得部分制造业供应商原材料价格上涨，供应商在核心企业和原材料商的双向挤压下难以为继，越来越多企业出现了严重资金缺口，如何改善上游多极供应商的处境也是决定以核心企业为主导的供应链生态能否健康发展的关键。通过应收账款保理业务进行资金周转的模式逐渐被供应商所认可，核心企业对一级供应商的应付账款如果能够多级流转至规模更小的上游多极供应商，凭借资金方对核心企业的信用评级就能给出较低利率，这样会使上游多极供应商获取便宜融资。传统方式下核心企业的二、三级供应商得到年化18%的资金，但叠加了核心企业信用的应付账款凭证融资成本仅5%~7%。

　　随着区块链的普及，分布式账本和不可篡改的特性让区块链变成了助力核心企业自主搭建金融平台，使得应付账款能够进行多极流转的较优选择。当多级流转的账款被记录在区块链上，这笔账款从核心企业进行债务确认开始，每一次拆分或者流转都将通过分布式账本被记录在每个节点。当应收账款上链后，区块链上的每个节点都会对该信息进行记录，系统账本通过所有参与者共同维护以及校验。当一笔账款的转让或者拆分发生后，区块链确保了分布式账本在不同网络节点上的备份文本是一致的从而保

证所有记账节点的一致性和正确性，多级流转的根本性困境就迎刃而解。区块链上数据提供的信任会改善核心企业、资金方和供应商间的信息不对称，是区块链作为底层技术穿透多层供应商客户的有效金融应用案例。

很多核心企业选择自主搭建供应链金融平台，往往因其自有业务流程独特且行业周期性较长，公司生产运营的地域分布广泛，机构人员配置复杂，而搭建的供应链金融平台会巩固原来自给自足的运营网络，打散重组并构建系统的上下游关系。这种核心企业通过自主搭建基于区块链技术的金融平台可以紧密贴合其原有业务流程，区块链技术能有效支撑其多元化业务的拓展，最终企业在区块链领域的自主竞争可能实现跨区域型区块链金融平台的形成。核心企业可以凭借自身科技能力或者采用技术成熟的第三方供应链金融平台，纵向贯通供应链上下游，促进核心企业和供应商交易规范化和信息化，倒逼供应商提高财务透明度和业务规范度。

直接采用第三方的供应链金融平台的一大优势是第三方平台具有技术成熟度，能够平衡核心企业、供应商、监管部门和金融机构多方需求，吸引多方机构上链。第三方供应链金融平台通常希望撮合高质量的应收账款和银行的较低成本的融资，提升其上链企业数量以扩大平台形成规模效应，依靠银行对应收账款进行估值和变现，并且收取一定比例的手续费。第三方供应链金融平台凭借数据信任和信息技术优势在审计和风控方面提供高质量服务，为银行控制风险，扩大业务规模，节省尽调时间，并带来间接的网络效应，如果银行和监管部门认可的核心企业越多，则越能吸引更多的小微企业上链，形成规模效应。

三、国际知名公司对供应链的建设管理

资金是企业发展过程中不可或缺的一部分。无论是原材料采购，机器设备升级还是人力资源管理都需要资金支持。在日常商业场景中，企业大量资金被账期占用，为推动日常运营以及扩大生产，需通过外部融资解决现时资金需求。在产业链中不同层级的企业通过融资获得外部资金的成本和难易程度不同，核心企业和信誉好的一级供应商通常授信额度高，融资成本低，而其上游的小微企业不仅融资难度大，且成本更是高昂。

英国供应链管理专家马丁·克里斯托在1992年指出：21世纪的竞争不再是企业和企业之间的竞争，而是供应链和供应链之间的竞争。产业链中的龙头核心企业想要继续发展，需要拓展自己的管理边界，统筹整个供应链的资金，以最小化供应链各环节供应商的融资成本为目标，从而保证供应链的健康。

优化整个供应链上企业的融资成本对龙头核心企业而言受益良多，核心企业可以通过优化整个供应链的融资成本保证稳定的供应

链体系，培养健康的供应商从而确保供货的品质。以沃尔玛为例，沃尔玛一直在供应商关系管理中尽心尽力，不仅会对供应商进行等级划分，还会进行绩效管理。沃尔玛需要对供应商进行尽调，了解其财务状况、商品检验、供货能力，等等。供应商的融资成本如果控制不当，往往会给供应商带来毁灭性的打击。一旦供应商因为融资成本过高造成资金链的断裂，供应链就会失衡，而之前核心企业做的供应商管理也将前功尽弃。维系现有优质供应商的成本远远低于寻找新的供应商，这是沃尔玛如此重视供应商管理并帮助上游小微企业降低融资成本的主要动力。

2005年2月18日，英国在肯德基供应的食品中发现其添加了苏丹红，下架食品超过500种。2013年《每日邮报》的调查显示，英国超过六成餐饮连锁店提供的冰块，经检测细菌数量，甚至超过取自马桶水箱的水。每一次的事故都会对品牌造成不可弥补的损失。一些核心企业对供应链上游小微企业的产品质量把控尤为重视。例如，麦当劳的上游供应商为养鸡场，而养鸡场的上游供应商为饲料厂，饲料厂的上游供应商为农场。假设农场因为拿不到低成本的周转资金购买了劣质农药，饲料的农药残留会间接影响供给麦当劳的鸡肉质量。麦当劳希望帮助供应链上每个环节的供应商，使它们有健康稳定的经营状况从而保证产品的品质。虽然它能定位到上游的养鸡场，甚至愿意贴息帮助他们融资，却很难追溯到提供饲料原料的农场。如果无法帮供应链最末端的农场解决融资问题，那么劣质农药的隐患就无法解决。

区块链技术能够支持应付账款的多级流转。供应链中一级供应商享有核心企业的应付账款，当核心企业确认这个债务后，核心企业的应付账款可以往更上游的供应商流动，进行多极流转，资金方根据对核心企业的信用的评级或风控，就能对流转至各个上游供应商的核心企业应付账款定价并提供相应融资。核心企业的应付账款，即供应商的应收账款，流转的层级越多，越多供应链就会受益。以图2为例，核心企业确认了100万元的应付账款后，该笔资产被记录在区块链上，然后这笔资产即可层层流转。一级供应商向二级供应商进货50万元，此时，他可以将这100万元拆分50万元流转给二级供应商。而另外50万元，一级供应商可以贴现融资，用于支付人力成本等生产资料。同理可推，每级供应商都可以转让一部分核心企业的应付账款，每级的供应商可以将应付账款提前贴现得到融资或持有到期。这样，多级的供应商都可以用核心企业的信用来融资。

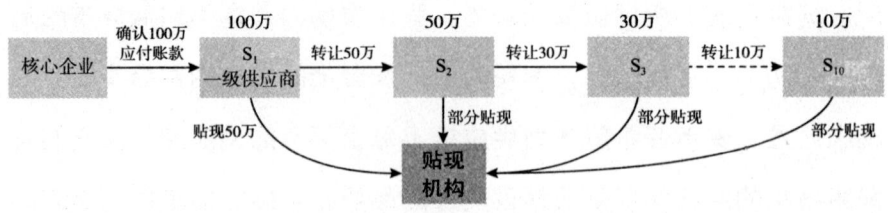

图2　应收账款多级流转流程图

用核心企业的信用来融资能够得到较低的融资费率。以麦当劳为例,供应链远端的农场可以用麦当劳的信用来融资。所有的记录可以记录在区块链上,核心企业麦当劳可以看到所有的流转信息,甚至可以选择通过贴息给农场提供更低的融资利率,解决农场的资金困境。农场的财务状况健康之后,使用劣质农药的可能性也就大大降低了。区块链技术形成的分布式多中心的数据结构便于各个参与方都能高效接入网络,并将每一笔应收账款流转以及融资的数据摘要上链,便于各部门进行数据共享、查询、验证。在没有区块链的场景中,资金方通常要查证这个供应链上的所有交易才能确保这笔交易是真实有效的,从而给农场融资,但是农场的融资总额达不到需要的量级,通常资金方也不会花这笔尽调费用。在区块链的支撑下,因为信息的透明和不可篡改性,企业在区块链平台上的融资金额有低至1万元人民币的案例。

产业巨头的蒙牛也非常注重端到端的奶制品供货品质,使用了区块链技术支持的应收账款多级流转,来帮助农场解决资金困境。优质的牛奶源于可信赖的牧场,而牧场离不开优质的饲料。每年有2~3个月的时间,各大牧场都需要囤积枯草期使用的粗饲料,粗饲料品种包括各类青草、干草、玉米秸秆。牧场的资金在这段时间非常紧张,能否买到优质的粗饲料会直接影响牧民们给蒙牛供货的供货品质。蒙牛通过多级流转,让牧民能在这两三个月拿到充足的资金,从而保证牧场的供奶质量。蒙牛还可以通过区块链了解并掌握核心企业应付账款的流向，确保这些应付账款能够到农场和牧民手里。蒙牛能在区块链上清晰地看到每笔资产的流向和融资情况，它可以利用自身的地位和资金方谈判，让牧民获得低价的资金。区块链平台上也不乏为小微供应商付息的例子，蒙牛就会选择帮助牧民付息，让牧民拿到比金融机构能提供的更便宜的资金。除了食品行业，汽车制造业也需要多关注端到端的供货品质，因为交通安全的问题也是头等大事。

如果社会上每个龙头核心企业都能重视整个行业的生态健康，利用区块链技术帮助实现整体收益大于局部优化的收益，每个行业产业链上的小微企业就有望解决融资难和融资贵的难题，实现我国小微企业收益与数字化技术与产业融合的快速发展。

附 录

数字金融大事记

▶ **1970年初期**

● IBM公司研究对称密码算法DES（Data Encryption Standard）于1976年11月被美国政府作为加密标准并获得美国国家标准局和美国国家标准协会（American National Standard Institute，ANSI）的承认。

▶ **1976年**

● 迪菲和赫尔曼（Diffie and Hellman）发表题为《密码学的新方向》的论文，提出了一种完全不同于对称密码体系的新思路。

▶ **1978年**

● 美国麻省理工学院的三位学者李维斯特（Rivest）、萨莫尔

（Shamir）和阿德曼（Adleman）发表《获得数字签名和公钥密码系统的方法》。构造了基于因子分解难度的签名机制和公钥加密机制，实现了非对称密码算法，这就是著名的RSA密码算法。

▶ **1982年**

● 戴维·乔姆（David Chaum）在顶级密码学术会议—美密会议上发表论文《用于不可追踪的支付系统的盲签名》。这是最早的数字货币理论，也是最早能够落地的试验系统。

▶ **1985年**

● 厄格玛尔（T.ElGamal）基于有限域上的离散对数问题，提出了ElGarmal公钥密码体制。ElGamal公钥密码体制有较好的安全性，应用广泛，尤在数字签名方面。

● 科布利茨（Koblitz）和米勒（Miller）基于椭圆曲线上的离散对数问题，提出椭圆曲线密码体制（Elliptic Curve Cryptography，ECC）。椭圆曲线数字签名算法（ECDSA）是比特币系统的密码基石。

▶ **1993年**

● 由美国国家安全局（NSA）设计，美国国家标准与技术研究院（NIST）发布的安全哈希算法（Secure Hash Algorithm，SHA）于1993年5月11日被采纳为标准。经不断改进至今已发布多个安全Hash标准，包括SHA-1、SHA-224、SHA-256、SHA-384和SHA-512。哈希算法具有优秀特性，在数字货币领域被广泛应用，比如区块链的构造。

▶ **1995年**

● 密码学家尼克·萨博（Nick Szabo）首次提出"智能合约"（Smart contract）概念。智能合约的概念最终在区块链上实现，是区块链上可以被调用的、功能完善、灵活可控的程序。

● 随着互联网时代的到来，全球第一家网络银行SFNB（Security First Network Bank）在美国亚特兰大成立，标志着数字银行的兴起。

▶ **1996年**

● "数字资产"一词由Helen Meyer在《维护数字资产技巧》一文中提出。

▶ **1997年**

● 招商银行率先提出网上银行"一网通"，一度成为国内网银市场的引领者。1998年开始中国银行、建设银行和工商银行等国有银行陆续推出网上银行业务，通过台式电脑办理银行业务的模式在国内悄然发展。

▶ **2001年后**

● 数字银行迎来了快速发展的时期，包括非典疫情在内的几大事件催生了传统银行线上业务的转型。

▶ 2004年

● 银监会(现为"银保监会")挂牌履职,设立信科部、创新部等机构指导监督包括数字银行在内的金融科技创新。

▶ 2006年

● Albert Van Niekerk给出的数字资产定义是"被格式化为二进制源代码并拥有使用权的文本或媒质等任何事物项"。

● 银监会出台《电子银行业务管理办法》,标志着银行业告别电子银行业务萌芽阶段,数字银行建设趋于规范化、标准化、系统化。

▶ 2008年11月1日

● 中本聪(Satoshi Nakamoto)发表经典论文《比特币:一种点对点的电子现金系统》。基于分布式数据存储、共识验证。点对点传输、密码算法等技术的比特币创新设计使数字货币技术实现新的飞跃,引发全球大规模的数字货币试验。

▶ 2009年

● 英国格拉斯哥大学提出了数据资产框架(data asset framework,DAF),构建了一套通用的、系统的科研数据资产审计框架,提出一种对数据资产现状进行审计的实用方法和程序。

● 国际数据管理协会(DAMA)在《DAMA数据管理知识体系指南(The DAMA guide to the data management body of knowledge)》中

指出在信息时代，数据被认为是一项重要的企业资产，每个企业都需要对其进行有效管理。

▶ 2011年

● 随着智能手机的推陈出新，商业银行几乎借助手机银行重构了新的数字银行。广大客户逐渐摆脱对电脑和网上银行的依赖，转而选择更加轻便的智能手机。手机银行、微信银行强势崛起。

● 世界经济论坛（World Economic Forum）发布的《个人数据：一种新资产类别的出现（Personal data: the emergence of a new asset class）》报告中指出个人数据正成为一种新的经济"资产类别"。

▶ 2012年

● 位于瑞士的Giori公司推出由中央银行设立和发行的法定数字货币GDM，并向我国国家知识产权局申请专利。Giori公司依托全球货币技术标准（Global Standard of Money Technology，GSMT）架构管理全球的数字金融交易，建立一个基于现有纸币系统模式的电子网络，从而推出由中央银行设立和发行的法定数字货币焦里币（Giori Digital Money，GDM）。

▶ 2013年

● 被称为"互联网金融元年"。一方面，以余额宝为代表的各类互联网金融平台、第三方支付产品快速崛起，倒逼银行加强了和证券、基金、非银行支付机构的合作，商业银行业务逐步"数字多元化"，通过手机银行可方便购买基金、外汇、债券、黄金等新产品。

● 5月，美国政府发布了《开放数据政策——管理作为资产的信息》的行政部门备忘录指出，为确保联邦政府对其信息资源的充分利用，行政部门和机关必须将信息作为生命周期内的一种资产来管理，促进开放型和互操作性，正确保护系统和信息。

● 2013年末，Vitalik Buterin发布以太坊白皮书。2014年7月以太坊项目启动。以太坊可用来创建去中心化的程序、自治组织和智能合约，开展去中心化多种应用。

▶ 2014年

● 中国人民银行正式启动法定数字货币研究，论证其可行性。

● "蚂蚁金服"上线，旗下拥有"芝麻信用""蚂蚁花呗""蚂蚁保险"为代表的诸多产品，涵盖了不同收入的群体。

▶ 2015年

● 人民银行发行数字货币的系列研究报告，央行发行法定数字货币的原型方案已完成两轮修订。

● 麻省理工学院信息系统研究中心（Center for Information Systems Research，CISR）研究提出数据价值评估能够帮助企业将数据当作一种战略资产进行观察和治理，在解决数据安全和成本问题的情况下，数据价值评估可以帮助企业发现数据中潜在的价值。
- 7月21日，数海数据资产评估中心成立。这是全国首家数据资产登记确权估值的服务机构，将以数据资产登记确权、数据资产盘点、数据资产整合、数据资产评估等为主要业务。
- 12月3日，河北大数据交易中心宣布成立，该中心是中国首家开展数据资产证券化的服务机构、华北地区第一家数据资产交易平台。该平台可推动京津冀一带形成大数据产业带，实现数据资产在京津冀地区的跨区域流动。

▶ 2016年

- 是"互联网金融监管元年"，其标志首推由银监会、工信部、公安部、网信办共同发布《网络借贷信息中介机构业务活动管理暂行办法》，标志着互联网金融"野蛮生长"现象将得到必要规范，引导各类网络金融服务产品走向正轨。
- 1月，中国人民银行召开数字货币研讨会，系统地展示关于数字货币的研究成果，并择要发表于《中国金融》数字货币专刊。
- 1月8日，由贵阳市政府、中国标准化研究院等共同建设的全国首家大数据资产评估实验室在贵阳揭牌。该实验室致力于为企业提供数据定价服务，为大数据市场交易提供支持。
- 4月，贵阳大数据交易所推出"贵阳大数据交易所数据产品活跃指数"，这是全球第一个衡量数据资产价值的指数。在"全球首个数据资产评估模型发布暨中关村数据资产双创平台成立仪式"上，贵州东方世纪科技股份有限公司用数据资产进行"抵押"，拿到了贵阳银行的第一笔"数据贷"放款，中关村数海数据资产评估中心与Gartner公司一起发布了全球首个数据资产评估模型。

● 6月，中央编办批复同意中国人民银行印制科学技术研究所更名为中国人民银行数字货币研究所，主要负责数字货币的研究开发、原型构建、实验推广、系统建设等工作。

● 9—12月，中国人民银行数字货币研究所基于我国"中央银行—商业银行"二元体系，研发准生产级的法定数字货币原型系统。

● 12月，直属央行的数字货币研究所正式成立，由中国人民银行数字货币研究所筹备组组长姚前担任所长，狄刚担任副所长。国务院印发的《"十三五"国家信息化规划》首次纳入区块链技术。数字货币的加快推出，十三五规划的政策助力，有望推动区块链技术迎来发展新机遇。

▶ 2017年

● 4月，首个数字证券项目—BCAP销售，通过区块链数字资产基金的通证化。

● 7月3日，央行数字货币研究所在北京正式挂牌成立。

● 7月25日，美国证券交易监督委员会（SEC）发布调查报告表示，将ICO代币定性为证券，强调所有符合联邦证券法关于"证券"定义的ICO项目以及相关交易平台所提供的数字资产都将纳入SEC的监管范畴。

● 7月，美国商品期货交易委员会（CFTC）向纽约的比特币期权交易所LedgerX发放许可，允许其交易和结算比特币的衍生品合约，这是CFTC首次向私人数字货币衍生品交易平台发放许可。

● 12月，美国商品期货交易委员会（CFTC）批准芝加哥商业交易所（CME）和芝加哥期权交易所（CBOE）上市比特币期货。

▶ 2017—2018年

● 央行在此基础上设计实现了基于区块链技术的数字票据交易平台，开展法定数字货币的沙箱实验。累计完成80余件专利申请工作，初步形成一批关键性的数字货币专利集合。

▶ 2018年

● 3月7日，美国证券交易委员会（SEC）发布《关于潜在违法数字资产在线交易平台的声明》，着重提示投资者参与数字资产在线交易所应考虑的风险要点，帮助投资者最大限度地规避风险；同时警示数字资产交易平台运营者应注意平台的合法性和合规性，提出了具体的监管要求，以保障数字资产交易和运营的合法合规。

● 3月9日，周小川在十三届全国人大一次会议"金融改革与发展"主题记者会称央行数字货币研究所正和业界共同组织分布式研发，依靠和市场共同合作的方式研发数字货币。央行取名为"DC/EP"，digital currency/electronic payment，代表数字货币电子支付。

- 3月13日，泰国内阁原则上批准了《2018数字资产企业法》和《税收法修订案》的草案。随后，在2018年3月27日，泰国内阁批准了两项皇家法令的最终草案，这些法令得到泰国国家委员会的审查和批准。这两项皇家法令于2018年5月13日在泰国政府公报上公布，并于次日生效。俄罗斯等国家也将"数字资产"立法工作提上日程。

- 4月，中国信息通信研究院云计算与大数据研究所发布的《数据资产管理实践白皮书（2.0版）》中将数据资产定义为"由企业拥有或者控制的、能够为企业带来未来经济利益的、以物理或电子的方式记录的数据资源，如文件资料、电子数据等"。

- 5月，泰国颁布了《数字资产法》，包括《2018数字资产企业法》和旨在监管相关税务的《税收法修订案》两部分，法令将数字资产类型分为加密货币和数字代币。

- 7月，纽约证券交易所的实际所有者ICE公司与微软、波士顿咨询集团和星巴克合作，成立加密数字资产服务机构Bakkt。

- 7月9日，中国信息通信研究院提出的ITU-T F.FDAM "Framework for data asset management（数据资产管理框架）"和ITU-T F.AFBDI "Assessment framework for big data infrastructure（大数据基础设施评测框架）"在国际电信联盟（ITU-T）成功立项。

- 9月，纽约州金融服务局（NYDFS）批准了两款受监管的美元稳定代币产品。

● 11月，清华经管数字金融资产研究中心在北京清华大学揭牌成立，由全球顶尖学者、数字货币领域实践者、金融机构监管者组成顾问委员会，是以数字金融资产为研究核心的跨学科国际研究平台。

▶ **2019年**

● 1月，SharePost在SEC授权的ATS上完成了BCAP通证的二级交易，这是ATS和经纪交易商第一次进行数字证券交易。

● 英国金融行为监管局（FCA）就如何监管加密资产提出了建议指南，计划监管数字证券和一些稳定币，这使得交易数字证券的公司须向FCA申请许可。在该文件中，FCA将加密货币分为交易型代币、实用型代币和证券型代币。

● 2月，摩根大通发布了用于机构间清算的数字货币——摩根币JPM coin。

● 3月，IBM宣布跨境支付区块链World Wire。

● 5月，数字证券发行平台Harbor与iCap Equity（美国柯荣资本）对价值1亿美元房的地产基金发行STO。该基金为柯荣资本的产品，由Harbor推动其数字证券化。据报道，1100余名投资者持有着这笔资产，并期望通过这种更容易的方式来自由交易。

● 新加坡证券交易所支持的数字证券综合平台iSTOX已经被新加

坡金融管理局（MAS）纳入其央行监管沙盒。iSTOX在其平台基础设施中集成了区块链和智能合约技术，所有发行的数字债券都将使用法定货币买卖。

● 5月2日，新加坡金融管理局与加拿大银行联合宣布已成功地将各自的国内支付网络连接起来，即分别基于两种不同DLT平台的Jasper项目（Project Jasper）和Ubin项目（Project Ubin）。项目团队使用了一种称为散列锁时合约（Hashed Time-Locked Contracts, HTLC）的技术来连接两个网络，并允许支付对支付（PvP）结算，而不需要可信的第三方充当中介。Jasper-Ubin项目是与埃森哲（Accenture）和摩根大通（J.P. Morgan）合作进行的，埃森哲和摩根大通分别支持加拿大Corda网络和新加坡Quorum网络的开发。

● 6月，中国信息通信研究院云计算与大数据研究所、CCSA TC601大数据技术标准推进委员会发布了《数据资产管理实践白皮书（4.0版）》，为数据资产管理提供了指引和参考。

● 6月4日，国家市场监督管理总局、国家标准化管理委员会发布了GB/T37550-2019《电子商务—数据资产评价指标体系》，提出了由数据资产成本价值和数据资产标的价值组成的评价指标体系，并给出了二级指标项及相应的三级指标项，为电子商务数据资产价值的量化计算、评估评价提供了依据。

● 6月12日，Visa宣布跨境支付区块链网络B2B Connect。

● 6月18日，互联网巨头Facebook发布Libra白皮书。

- 7月，数字资产众筹平台TokenMarket在英国金融行为监管局（FCA）沙盒之下完成了数字证券的发行，并筹集到24万英镑，这相当于其最初目标（15万英镑）的158%。此次发行是在英国金融行为监管局（FCA）沙盒中进行。
- 7月，美国SEC先后批准了两项基于Reg A+条款的数字证券发行，Blockstack和Props Project。其中Blockstack为首个宣布批准的Reg A+数字证券发行，以每枚0.30美元的价格向公众出售其Stack代币，基于其8.67亿美元的Token供应预计，其市值或达到2.6亿美元。紧随其后宣布的是区块链媒体公司YouNow发行的数字证券Props，YouNow将首批向平台用户及创作者分发总计1.87亿枚代币，每个代币价格0.1369美元。
- 7月，P2P借贷平台Bitbond发行了德国首个STO（Security Token Offering）产品，以通过这种方式支持其继续向小型企业提供贷款服务。而在Bitbond之前，已有130多家公司向BaFin提交了数字证券招股说明书，但没有一家获得批准。在本次发行与销售中，Bitbond筹集了超过210万欧元的资金。
- 7月，德国区块链创企Fundament获批发行价值2.5亿欧元的债券，该债券由基于房地产的数字证券来支持。这种"数字债券"在以太坊上运作，并在监管之下向散户投资者开放。
- 7月8日数字金融开放研究计划启动仪式暨首届学术研讨会上央行研究局局长王信称国务院已批准央行正在组织研发央行数字货

币，并表示央行数字货币有助于提升货币政策有效性、优化央行货币支付功能，提高央行货币地位和货币数量有效性。但同时，金融科技使金融脱媒的风险加大、带来监管套利风险。央行下一个阶段或将深入研究Libra等加密数字货币有关问题。

● 8月，央行首次出台金融科技顶层设计文件《金融科技（FinTech）发展规划（2019—2021）》，从宏观层面明确提出未来3年金融科技工资的指导四项、基本原则、发展目标、重点任务和保障措施，并提出到2021年建立健全我国金融科技发展的"四梁八柱"。

● 截至2019年8月4日，央行数字货币研究所申请了涉及数字货币的共74项专利。

● 8月18日，中共中央、国务院发布《关于支持深圳建设中国特色社会主义先行示范区的意见》，提到支持在深圳开展数字货币研究和移动支付的创新应用。中国法定数字货币显示出加速落地的迹象。

● 9月，Coinbase支持的数字证券平台Securitize对其A轮融资进行扩展，筹集到1400万美元。投资者包括桑坦德银行的风险投资部门（Santander InnoVentures）、日本三菱金融集团（MUFG）的全资VC子公司和野村控股（Nomura Holdings）。新一轮融资使Securitize的总融资额达到3000万美元。11月Securitize再获日本金融服务集团SBI Holdings的投资。Securitize创始人Carlos Domingo表示该金额高达7位数。

- 9月6日，央行支付结算司副司长穆长春被任命为数字货币研究所所长。
- 9月17日，中国证券登记结算公司党委副书记、总经理姚前在第五届区块链全球峰会上发表题为"数字资产和数字金融"的主题演讲。
- 10月11日，eBay、Stripe、万事达（Mastercard）和Visa等四家公司周五宣布，将退出Facebook的Libra加密货币项目。就在一周前，PayPal宣布退出该项目，而政府监管机构仍在继续审查该计划。
- 10月24日下午，中共中央政治局就区块链技术发展现状和趋势进行第十八次集体学习。习近平总书记在主持学习时强调，区块链技术的集成应用在新的技术革新和产业变革中起着重要作用。我们要把区块链作为核心技术自主创新的重要突破口，明确主攻方向，加大投入力度，着力攻克一批共建核心技术，加快推动区块链技术和产业创新发展。
- 10月30日，在北京召开了金融科技产业联盟的成立大会。产业联盟汇聚了全国各地150余家金融机构、科技公司、高等院校、科研院所等，参与机构多、覆盖范围广，目标是加快共性技术研究攻关及金融科技标准体系建设，加强金融科技产用协同，助力优秀品牌孵化成熟。
- 10月31日，《中共中央关于坚持和完善中国特色社会主义制度推进国家治理体系和治理能力现代化若干重大问题的决定》中将

"数据"第一次纳入生产要素并参与分配,这被认为是一个重大的理论创新。

● 12月,中国资产评估协会制定了《资产评估专家指引第9号——数据资产评估》(中评协〔2019〕40号),从数据资产的基本情况、基本特征、价值影响因素和应用商业模式等方面对评估对象进行多维刻画,介绍了成本法、收益法和市场法3类评估方法,供评估机构及评估人员开展评估业务时参考。

▶ **2020年**

● 3月20日,《中共中央国务院关于构建更加完善的要素市场化配置体制机制的意见》中明确要进行市场化配置的要素主要有五种:土地、劳动力、资本、技术和数据。

● 4月,央行数字货币在农业银行、中国银行的客户端试运行。同期,苏州相城区利用央行数字货币将50%的交通补贴向苏州相城区机关、事业单位及直属单位的员工发放。

● 4月16日,Libra发布新版白皮书,为解决其被特别关注的监管问题进行了四项关键更改,包括:除提供锚定一篮子法币的币种外,还将提供锚定单一法币的稳定币;通过强大的合规性框架提高Libra支付系统的安全性;在保持其主要经济特性的同时,放弃向无许可公有链系统的过渡计划;为Libra的资产储备建立强大的保护措施。

- 5月，人民银行行长易纲在"两会"期间接受《金融时报》等记者采访，首次明确央行数字货币DCEP项目正在深圳、苏州等地进行内测试点，并明确"先行在深圳、苏州、雄安、成都及未来的冬奥会场景进行内部封闭试点测试"。
- 8月，人民银行召开2020年下半年工作电视会议，会议提到，法定数字货币封闭试点顺利启动，下半年将积极稳妥推进法定数字货币研发。
- 10月，数字货币发展写入"十四五"规划。"建设现代中央银行制度，完善货币供应调控机制，稳妥推进数字货币研发，健全市场化利率形成和传导机制。"